치료하는 여호와

God the Healer

치료하는 여호와

God the Healer

| 이재록 목사 |

우림

너희가 너희 하나님
나 여호와의 말을 청종하고
나의 보기에 의를 행하며
내 계명에 귀를 기울이며 내 모든 규례를 지키면
내가 애굽 사람에게 내린 모든 질병의 하나도
너희에게 내리지 아니하리니
나는 너희를 치료하는 여호와임이니라

| 출 15:26 |

　사람은 누구나 건강하게 살기를 원합니다. 건강이라는 말에 떠오르는 이미지는 병에 걸리지 않은 몸, 아프지 않은 상태일 것입니다. 그러나 WHO(세계보건기구)에서는 건강이란 "육체적, 정신적, 사회적으로 완전히 행복한 상태"라 정의합니다. 그렇다면 과연 육체적, 정신적, 사회적으로 완전히 행복한 상태가 가능할까요?

　의학과 과학의 발달로 과거 수많은 사람을 죽음으로 몰아넣었던 많은 질병이 치료 가능해졌지만 반대로 신종 질병은 꾸준히 늘어가는 추세입니다. 특히 과거에 비해 정신과 질환이 크게 늘어난 것이 현실입니다. 이러한 질병이나 죽음의 문제는 사람의 힘으로는 온전히 해결할 수 없는 불가항력입니다. 사람이 해결할 수 없는 죄와 구원이라는 근본의 문제와 관련된 것이기 때문입니다.

사람들은 그러한 것을 환경 탓, 또는 자연적이고 생리적인 현상으로만 이해하며 약이나 의술에 의존하고자 합니다. 그러나 좀 더 근본적인 치료를 통해 강건한 삶을 영위하려면 질병이 어디서부터 비롯된 것인지를 알아야 합니다. 성경에는 질병이 생긴 근본 원인을 분명하게 언급하고 있습니다. 하나님 말씀을 지켜 행하는 사람에게 주실 복에 대하여 약속하는 반면, 말씀에 순종치 않는 사람에게 내리는 저주와 각종 질병에 대해서도 자세하게 기록되어 있습니다(신 28:1~68).

『치료하는 여호와』는 믿지 않는 사람이나 심지어는 믿는 사람조차 간과하고 있는 말씀을 상기시켜 질병의 고통에서 벗어날 수 있는 분명한 길을 제시합니다. 이를 통해 믿음 안에서 치료받는 방법을 깨우쳐 삶 가운데 적용하면 신속하고 온전하게 치료받을 뿐 아니라 영적인 축복도 받을 수 있습니다. 이번 개정판에서는 질병과 태의 열매에 관한 하나님의 공의에 대하여, 그리고 믿음으로 하나님께 의뢰하여 치료받고 응답받은 사례를 소개하는 칼럼 뷰(Column View)를 새롭게 추가하였습니다.

질병으로 고통받는 분이 계시다면 이 책에 나온 말씀을 통해 자신의 질병이 어디서 비롯되었는지 깨닫게 될 것입니다. 신속히 근본 문제를 해결하여 크고 작은 모든 질병을 치료받으며, 하나님의 능력에 힘입어 영육 간에 강건한 축복을 누리시기를 주님의 이름으로 기원합니다.

2009년 7월

이재록 목사

차 례 | CONTENTS

Chapter 1

질병의 근원과
치료하는 광선

질병의 근본 원인

의로운 해가 발하는 치료의 광선

내 이름을 경외하는 너희에게는

내 이름을 경외하는 너희에게는
의로운 해가 떠올라서
치료하는 광선을 발하리니
너희가 나가서 외양간에서 나온
송아지같이 뛰리라

말라기 4:2

질병의 근본 원인

의학적으로 질병이란 신체의 전체나 일부가 일차적 또는 지속적으로 장애를 일으켜서 정상적인 기능을 할 수 없는 상태를 말합니다. 이는 바이러스, 세균, 곰팡이, 기생충과 같이 질병을 일으키는 병원체에 의한 감염성 질환과 고혈압이나 당뇨와 같이 병원체 없이 일어나는 비감염성 질환으로 나눌 수 있습니다.

오늘날에는 비감염성 질환이 감염성 질환보다 더 중요한 관심사로 떠오르고 있습니다. 항생제의 발견으로 감염성 질환의 치료가 비교적 쉬워진 반면, 노인 인구가 늘고 의학의 발달로 과거에 발견하지 못했던 비감염성 질환의 진단이 가능해졌기 때문입니다. 비감염성 질환의 원인은 명확히 밝혀지지 않은 경우가 많으며 여러 위험인자가 복합적으로 질환을 유발시키는 데 관여하는 것으로 알려져 있습니다.

성경에는 인간이 이런 질병에 걸리지 않고 강건하게 살아갈 뿐 아니라 설령 질병에 걸렸어도 치료받을 수 있는 근본적인 길을 제시합니다. "너희가 너희 하나님 나 여호와의 말을 청종하고 나의 보기에 의를 행하며 내 계명에 귀를 기울이며 내 모든 규례를 지키면 내가 애굽 사람에게 내린 모든 질병의 하나도 너희에게 내리지 아니하리니 나는 너희를 치료하는 여호와임이니라"(출 15:26) 말씀합니다. 인간의 생사화복을 주관하시는 하나님께서 약속하신 말씀입니다.

그러면 질병은 왜 생기는 것일까요? 출애굽기 9장에 보면 애굽에 내린 열 재앙 가운데 독종이 생기는 과정이 나옵니다. "여호와께서 모세와 아론에게 이르시되 너희는 풀무의 재 두 움큼을 가지고 모세가 바로의 목전에서 하늘을 향하여 날리라 그 재가 애굽 온 땅의 티끌이 되어 애굽 온 땅의 사람과 짐승에게 붙어서 독종이 발하리라"(출 9:8~9) 하셨지요. 또 신명기 32장 24절에는 하나님이 명한 대로 행하지 않고 악을 행하면 재앙이 임하게 됨을 말씀하면서 "내가 들짐승의 이와 티끌에 기는 것의 독을 그들에게 보내리로다" 하셨습니다.

이러한 성경의 기록을 통해 우리는 질병도 하나님 주관 아래 있음을 깨닫게 됩니다. 하나님을 거역했던 애굽 사람에게 열 재앙이 닥칠 때에 하나님을 믿는 이스라엘 백성에게는 재앙이 임하지 않았습니다(출 11장). 바로 하나님을 경외하는 사람은 하나님께서 지켜 주시니 질병이 틈타지 않지만, 죄를 범하면 하나님이 외면하시므로 질병이 틈탈 수 있는 것입니다.

원래 하나님은 사람을 창조하신 분으로 우리에게 복 주기를 원하시며 모든 것을 선과 의, 사랑 가운데 주관하는 분입니다. 사랑의 하나님은 사람이 살아가기에 적절한 환경을 만든 뒤(창 1:3~25) 하나님 형상대로 첫 사람 아담과 하와를 창조하고 그들에게 복을 주며 최대한의 자유와 권세를 누리게 하셨습니다. 그들은 하나님 명령을 지키면서 눈물, 슬픔, 고통, 질병, 죽음이 없는 에덴동산에서 하나님께서 주신 축복을 마음껏 누리며 살았습니다. 그런데 단 한 가지 아담과 하와에게 금지된 것이 있었습니다.

"각종 나무의 실과는 네가 임의로 먹되 선악을 알게 하는 나무의 실과는 먹지 말라 네가 먹는 날에는 정녕 죽으리라"(창 2:16~17)

무수한 세월이 흐르면서 이들이 하나님 말씀을 명심하지 않는 것을 알게 된 간교한 뱀은 하와를 유혹합니다. 결국 유혹을 이기지 못한 하와는 물론 아담까지 선악과를 먹는 불순종의 죄를 범합니다(창 3:1~6). 그 결과 "정녕 죽으리라"는 말씀대로 영이 죽은 사람은 하나님과의 교통이 끊어지고 에덴동산에서 쫓겨나게 되었습니다. 이때 만물도 함께 저주를 받아 각종 병균이 생겨나고 땅은 가시덤불과 엉겅퀴를 내므로 사람이 수고하여 가꾸지 않으면 소산을 얻을 수 없게 되었습니다(창 3:16~19).

이와 같이 모든 질병의 근본 원인은 아담의 불순종에 있습니다. 즉 한 사람의 불순종으로 죄가 세상에 들어왔고(롬 5:12), 이로 인해 모든 사람이 각종 질병의 위험과 고통 속에 살아갈 수밖에 없게 된 것입니다.

의로운 해가 발하는 치료의 광선

그러면 사람이 이 세상에서 호흡하며 살아가는 한 질병에서 해방될 수 있는 방법은 없는 것일까요? 말라기 4장 2절에 "내 이름을 경외하는 너희에게는 의로운 해가 떠올라서 치료하는 광선을 발하리니 너희가 나가서 외양간에서 나온 송아지같이 뛰리라" 했습니다. 여기서 의로운 해는 메시아를 가리킵니다. 아담의 불순종의 죄로 멸망에 이를 수밖에 없고 질병으로 고통받아야 하는 인류를 긍휼히 여기신 하나님께서는 만세 전에 예수 그리스도를 예비하셨습니다. 때가 되어 이 땅에 오신 예수님은 십자가에 못 박혀 피 흘리심으로써 우리의 모든 죄를 대속하셨습니다. 하나님의 사랑과 은혜로 누구든지 질병에서 해방되는 길이 열린 것입니다.

교회를 개척한 후 얼마 안 되어 한 환자가 들것에 실려 왔습니다. 그는 중풍과 암으로 인한 신체 마비와 심한 통증으로 사경을 헤매고 있었습니다. 병원에서는 더 이상 치료할 수 없다고 하니 사형선고를 받은 것이나 마찬가지였습니다. 이런 절박한 상황에 하나님을 믿는 그의 아내가 하나님께 맡기자고 권하니 교회를 찾아온 것입니다. 그는 예수 그리스도를 영접하고 누워서라도 예배드리며 기도하고자 노력하였고 아내도 남편을 위해 믿음과 사랑으로 간절히 기도하였습니다.

이들의 믿음을 보고 제가 간절히 기도해 주자 환자는 눈물과 콧물을 흘리며 통회자복하였습니다. 지난 날 예수 믿는다는 이유로 아내를 핍박했던 죄를 회개한 것입니다. 이러한 그에게 하나님께서 치료의 광선을 비추셨습니다. 질병의 근원을 태움받으니 온몸에 뜨거운 기운이 임하여 곧 일어나 뛰었고 암세포도 깨끗이 사라져 몸이 정상이 되었지요. 치료의 과정을 현장에서 본 성도들이 하나님께 영광 돌리며 함께 기뻐하였습니다.

하나님은 우리 아버지가 되시니 설령 질병이 틈탔더라도 예수 그리스도를 영접하고 믿음으로 죄 사함받아 하나님께 의뢰하면 됩니다. 그럴 때 이 믿음을 보시고 하나님께서 치료의 광선을 비추셔서 신속하게 치료해 주십니다.

현대 의학계에서도 각종 질병을 예방하고 치료하는 데 광선을 활용하고 있습니다. 그중 자외선은 살균 작용이 강하고 여러 가지 화학적 변화를 일으키기 때문에 대장균, 디프테리아균, 적리균을 사멸하며 결핵성질환, 구루병, 빈혈증, 류머티즘, 피부병 치료에도 유효하다고 합니다. 그러나 자외선 요법은 일부의 질병에 극히 제한적으로 사용되고 있을 뿐입니다. 아무리 의료기술이 발달했다 해도 사람의 방법은 불완전합니다.

오직 성경에 기록된 치료의 광선만이 모든 질병을 치료할 수 있는 능력이 있습니다. 이 치료의 광선은 눈에 보이지 않는 영적인 빛으로서 환자의 연령이나 건강 상태, 질병의 종류에 상관없이 모든 사람에게 적용 가능하며, 어떠한 부작용도 없습니다. 하나님의 방법으로는 간단하고도 완전한 치료가 이루어집니다.

의로운 해가 발하는 치료의 광선은 하나님의 권능을 의미하며 네 단계로 구분할 수 있습니다. 먼저, 권능의 1단계는 성령의 불로 태우는 단계로서 '붉은 빛'으로 역사됩니다. 성령의 불은 병균이나 바이러스, 세균 등에 의해 생긴 갖가지 질병을 태워서 치료하는데 백혈병이나 암, 에이즈와 같은 병이 여기에 속합니다. 단 질병이 오래되고 말기에 접어든 경우에는 하나님께서 정해 놓은 생명선을 넘었기 때문에 권능의 1단계에서는 치료되기가 쉽지 않습니다.

다음으로, 권능의 2단계는 '푸른 빛'을 통해 역사되며 귀신 들린 사람, 사단의 역사를 받는 사람에게 빛이 임하여 어둠의 세력을 물리쳐 줍니다. 이를 통해 어둠의 세력에 의한 자폐증, 신경성 질병, 가정이나 일터, 사업터 등의 문제가 해결될 수 있습니다. 심지어 죽은 사람을 다시 살릴 수도 있지요.

권능의 3단계는 '무색 또는 흰색의 빛'으로 역사됩니다. 3단계의 권능이 나타나면 모든 종류의 표적이 따르는데, '표적'이란 눈먼 사람이 눈을 뜨고 말 못하는 사람이 말을 하며 들리지 않는 귀가 들리는 것을 말합니다. 또한 걷지 못하던 사람이 일어나 걷고 짧았던 다리가 길어지며 소아마비나 뇌성마비가 온전해지는 등의 역사를 말합니다. 이밖에도 나면서부터 기형이나 불구가 된 신체 부분이나 퇴화한 신체 조직이 온전케 되고 부러진 뼈나 끊어진 힘줄이 붙기도 합니다.

마지막으로, 권능의 4단계는 '황금빛'으로 역사되며, 천기를 움직이는 기사(奇事)가 나타나고 무생물도 명하는 대로 순종하는 역사가 따릅니다. 또한 시공을 초월하여 말씀만으로도 역사가 나타나지요. 예수님께서 백부장의 하인을 치료하신 것이나 수로보니게 여인의 딸에게서 귀신을 쫓아내신 일 등입니다. 권능의 4단계에서는 1, 2, 3단계에 속한 모든 역사가 나타날 수 있습니다. 자세한 것은 『권능』 책자를 참조하시기 바랍니다.

내 이름을 경외하는 너희에게는

사랑의 하나님께서는 믿음으로 죄를 피 흘리기까지 싸워 버리며(히 12:4) 하나님 말씀대로 살아가는 자녀들을 불꽃 같은 눈동자로 지키며 어떤 독성이나 균도 몸에 침입하지 못하도록 막아 주십니다. 설령 병에 걸리더라도 회개하고 돌이킬 때 치료의 광선으로 질병의 근본을 해결해 주십니다.

이런 치료의 광선을 받기 위해서는 한 가지 조건이 필요합니다. 바로 하나님의 이름을 경외하는 사람, 곧 하나님을 경외하는 사람이 되어야 한다는 것입니다(말 4:2). 잠언 8장 13절에 "여호와를 경외하는 것은 악을 미워하는 것이라 나는 교만과 거만과 악한 행실과 패역한 입을 미워하느니라" 했습니다. 하나님을 경외하는 사람은 하나님과 반대되는 죄와 악을 버리고 하나님 말씀대로 살아갑니다.

열왕기하 20장에 보면 히스기야 왕이 하나님께 의뢰하여 질병을 치료받고 생명이 연장되는 내용이 나옵니다. 앗수르의 침공으로 남유다가 위급한 때에 설상가상으로 히스기야는 중한 병까지 얻게 됩니다. 하나님께서 이사야 선지자를 통하여 그에게 "너는 집을 처치하라 네가 죽고 살지 못하리라"(왕하 20:1) 하셨습니다. 이 말씀이 이사야서에는 "너는 네 집에 유언하라 네가 죽고 살지 못하리라"(사 38:1) 기록되어 있습니다. 죽음이 임박했으니 주변의 모든 일을 정리하고 마감하라는 것입니다.

이에 히스기야는 곧장 얼굴을 벽으로 향하고 기도했습니다. 자신의 병이 하나님과의 관계에서 온 것임을 깨닫고 하나님께 의뢰한 것입니다. 히스기야가 심히 통곡하며 간구하자 하나님은 "내가 네 기도를 들었고 네 눈물을 보았노라 내가 네 수한에 십오 년을 더하고 너와 이 성을 앗수르 왕의 손에서 건져내겠고 내가 또 이 성을 보호하리라"(사 38:5~6) 하셨습니다. 하나님이 히스기야의 기도를 듣고 그 눈물을 보았다고 하신 말씀에서 그가 얼마나 간절하게 기도했는지 짐작할 수 있습니다.

사람의 죽고 사는 것이 하나님께 달려 있음을 알았기 때문에 히스기야는 무엇보다 먼저 하나님 앞에 기도한 것입니다. 그의 겸손과 믿음을 보신 하나님께서는 치료하신다는 약속의 확증을 구하는 그에게 해 그림자가 십 도 물러가는 것으로 응답해 주셨습니다(왕하 20:11). 그가 삼 일 만에 성전에 올라가 감사의 제사를 드릴 수 있도록 치료하시고 생명을 십오 년이나 연장해 주셨습니다. 또 남은 생애 동안 예루살렘 성을 앗수르의 위협에서 벗어나게 하셨지요. 이처럼 하나님을 경외하고 전적으로 의뢰하는 사람에게 하나님께서는 치료의 광선을 발하며 응답하십니다.

반면에 남유다 왕국의 3대 왕이었던 아사는 어떻습니까? 그는 한때 하나님을 경외하여 나라 전역에 만연한 우상 숭배를 근절시킨 사람입니다. 이방 신의 제단과 산당을 없애고 백성에게 하나님 여호와의 율법과 명령을 행하게 했습니다. 심지어 어머니 마아가가 우상 숭배를 하자, 태후의 위를 폐하기까지 했지요. 자칫 백성이 우상 숭배에 물들 위험이 있었기 때문입니다.

그런데 세월이 흐르자 그만 마음이 변하고 말았습니다. 더 이상 하나님을 경외하지 않았던 것입니다. 하나님께 맡기지 않고 점점 사람을 의지합니다. 곧 북이스라엘 왕 바아사가 남유다를 치러 왔을 때 아람 왕에게 도움을 요청한 것입니다. 북이스라엘의 침략을 막고자 호시탐탐 남유다를 노리던 아람에 지원을 요청했으니 늑대를 쫓으려다 호랑이를 불러들인 격입니다. 이미 아사 왕이 신앙을 저버렸음을 알 수 있지요. 이 일로 선견자 하나니에게 크게 책망을 받았지만 아사 왕은 돌이키기는커녕 그를 옥에 가두며 백성을 학대하였습니다(대하 16:7~10).

하나님을 저버린 아사 왕은 재위 39년에 발에 병이 들고 말았습니다(대하 16:12). 병이 나서 고통당하는 중에도 그는 하나님께 의뢰하기보다 의원들에게 도움을 구합니다. 결국 병이 난 지 2년 만에 치료받지 못하고 세상을 떠났습니다. 믿음의 행함이 없으며 하나님에게 구하지 않으니 전능하신 하나님께서도 아무런 역사를 베풀지 못하신 것입니다.

하나님께서 베푸시는 치료의 광선은 어떠한 질병이라도 치료할 수 있습니다. 중풍으로 굳은 팔다리도 치료하고 눈먼 사람의 눈도 보게 하며 듣지 못하던 사람의 귀도 열리게 하십니다. 나아가 죽은 사람까지 살릴 수 있습니다. 하나님께는 무한한 능력이 있으시니 질병의 경중이 중요하지 않습니다. 감기 같은 사소한 질병이나 암 같은 중병도 하나님께는 마찬가지입니다. 다만 하나님 앞에 나오는 우리의 중심이 어떠한지가 중요할 뿐입니다.

그러므로 오직 하나님을 경외하여 무슨 일이든 전적으로 하나님께 맡기고 의뢰하시기 바랍니다. 지금까지는 우상을 섬겼다 해도 이제 돌이켜 하나님을 경외함으로 예수 그리스도를 영접하여 믿음으로 죄 사함 받으면 됩니다. 하나님께서 싫어하시는 죄와 악에서 떠나 하나님 말씀대로 살아감으로 하나님을 경외하는 증거를 보이셔서 하나님 치료의 광선으로 모든 질병의 문제를 해결받고 항상 강건한 삶을 영위해야 하겠습니다.

신인류 난치병의 치료 비결

너는 내게 부르짖으라
내가 네게 응답하겠고
네가 알지 못하는
크고 비밀한 일을
네게 보이리라
(렘 33:3)

현대의학의 발달로 인류는 많은 질병 문제를 해결하고 수명 연장이라는 놀라운 성과를 거두었습니다. 그러나 한편으로는 환경오염으로 인한 신종 질병의 출현으로 고통당하는 인구도 늘고 있습니다. 그중의 한 가지 우리 주변에서 흔히 볼 수 있는 질병이 아토피성 피부염입니다. 이 질병은 유전과 환경오염, 스트레스 등이 주원인으로 가려움증과 피부 건조, 습진을 동반하며 완치가 힘들어 신인류 난치병으로 불리고 있습니다.

우리 교회 성도 중에는 극심한 아토피성 피부염으로 고통을 받다가 하나님의 능력으로 치료받아 건강한 삶을 누리는 분이 많습니다. 그중 한 가정의 경우를 말씀드리면, 이분의 자녀는 태어나면서부터 얼굴에 붉은 발진이 있었습니다. 처음에는 신생아 때 보이는 태열이겠거니 생각했는데 생후 2개월부터 온몸으로 번지기 시작했습니다. 연약한 아기 피부는 머리에서 발끝까지 거칠고 딱딱하게 굳어 갈라진 틈에서 진물이 흘렀습니다. 두 뺨과 팔, 다리의 접히는 부분은 더 심했는데 줄줄 흐르는 진물 때문에 하루에도 몇 차례씩 옷을 갈아입히는 일상이 되풀이되었습니다. 밤에는 아예 아이가 긁지 못하도록 두 손을 묶어놓을 정도였습니다.

다섯 달째 고통스런 시간이 흘러가고 지칠 대로 지친 아기 엄마는 오직 도와주실 분은 하나님밖에 없다는 생각이 들어 간절히 기도하기 시작했습니다. 어느 날 기도를 하는데 아이가 아프다는 이유로 교회에서 사명을 소홀히 한 일이 떠올라 눈물을 흘리며 회개하였습니다. 또한 열심히 하나님의 일을 하는 남편을 보면서 처음에는 감사하였는데 날이 갈수록 불평했던 자신의 모습이 떠올랐습니다. '왜 나 혼자만 아픈 아이를 돌보아야 하는가' 하는 서운한 마음이 자리 잡은 것입니다. 이런저런 일들을 다 회개하고 제게 기도 부탁을 하여 간절히 기도해 주었는데 다음 날부터 흐르던 진물이 멎고 딱지가 생기더니 이내 딱지가 굳고 떨어진 자리에 새살이 돋아났습니다. 이를 통해 온 가족과 주변 사람들이 새삼 하나님의 살아 계심을 느끼며 기도에 응답하시는 신실하신 하나님께 영광을 돌렸습니다.

네가 낫고자 하느냐

거기 삼십팔 년 된 병자가 있더라
예수께서 그 누운 것을 보시고
병이 벌써 오랜 줄 아시고 이르시되
네가 낫고자 하느냐

요한복음 5:5~6

네가 낫고자 하느냐

하나님을 모르던 사람이 하나님 앞에 나오는 데에는 여러 유형이 있습니다. 선한 양심을 좇아 스스로 나오는가 하면 누군가에게 전도를 받아 나오는 경우가 있습니다. 사업 실패나 가정 불화 등 여러 절망적 상황에서 삶의 회의를 느끼고 방황하다가, 또는 의학으로 어찌할 수 없는 질병에 걸려 절박한 심정이 되었을 때 나오기도 합니다.

요한복음 5장을 보면 갈급하게 문제를 해결받고자 하는 사람에게 예수님께서 "네가 낫고자 하느냐" 하고 물으십니다. 이는 육체의 질병뿐 아니라 영적으로 병이 들어 곤고한 심정으로 하나님을 찾아 나온 사람들을 향해 물으시는 것입니다. 병든 사람이 치료받기 원하는 것은 당연한 일입니다. 그러나 예수님께서는 그 질문에 대한 각 사람의 반응과 깨우침, 믿음의 고백이 다를 것을 아셨습니다. 그래서 "네가 낫고자 하느냐" 물으심으로 병의 원인을 간접적으로나마 깨우쳐 주어 치료받을 수 있는 길을 열어 주신 것입니다.

38년 된 병을 단번에 치료하신 예수님

예루살렘 양문 곁에는 히브리어로 '베데스다'라는 못이 있었습니다. '자비의 집'이라고도 하는 이 못은 신기하게도 바닥 깊은 곳에서 이따금 맑은 샘물이 솟아올라 물이 움직였는데, 사람들은 이 현상을 두고 천사가 내려와 물을 동하게 한다고 여겼습니다. 그때 가장 먼저 들어가면 어떤 병이든 낫는다는 소문 때문에 못가에는 눈먼 사람, 다리 저는 이, 혈기 마른 사람 등 온갖 병을 가진 사람들로 장사진을 이루었습니다(요 5:2~3).

어느 날, 수많은 환자들 속에 38년 된 병자가 누워 있는 것을 보신 예수님께서는 그의 병이 벌써 오랜 줄을 아시고 "네가 낫고자 하느냐" 물으셨습니다. 그는 "주여 물이 동할 때에 나를 못에 넣어줄 사람이 없어 내가 가는 동안에 다른 사람이 먼저 내려가나이다" 하고 절박한 심정을 토로합니다. 간절히 낫기를 원하나 자신의 힘으로는 어찌할 수 없음을 고백한 것입니다.

오랜 세월 소망을 버리지 않고 인내한 그의 중심을 보신 예수님은 응답의 문을 열어 주셨습니다. 그에게 "일어나 네 자리를 들고 걸어가라" 하셨지요. 그때 놀라운 일이 일어났습니다. 38년간 꼼짝도 할 수 없었던 그가 곧 나아서 걸었습니다. 참된 생명의 근원이신 예수님을 만나 모든 질병을 단번에 치료받은 것입니다.

이처럼 예수님은 어떤 질병의 문제라도 단번에 해결하실 수 있는 권세가 있습니다. 하지만 아무나 치료해 주신 것이 아닙니다. 믿음과 행함을 보고 합당한 사람에게 역사하셨지요. 우리 역시 인생의 모든 문제를 해결하기 위해서는 응답받을 수 있는 합당한 자격을 갖추어야 합니다.

믿음과 정성의 중요성

질병의 고통에서 해방되려면 질병의 문제를 해결하실 수 있는 하나님께 나와야 합니다. 그러려면 먼저 예수 그리스도를 영접하고 하나님 자녀가 되어야 하지요. 예수님께서는 "너희가 내 이름으로 무엇을 구하든지 내가 시행하리니 이는 아버지로 하여금 아들을 인하여 영광을 얻으시게 하려 함이라"(요 14:13) 하셨습니다.

우리가 예수 그리스도를 영접하고 그 이름으로 기도할 때 사람의 힘으로는 불가능한 일이라 해도 하나님 능력으로 가능케 해 주십니다. 뿐만 아니라 지금부터 약 2천여 년 전에 예수님께서 채찍에 맞고 십자가에 못 박혀 온 인류에게 죄 사함을 주시고 우리의 질병과 약함을 친히 담당해 주셨습니다(벧전 2:24). 그래서 하나님을 믿는 사람은 이미 모든 질병이나 약한 것으로부터 해방되었으니 그로 인해 고통당할 필요가 없는 것입니다.

성경에는 예수님이 질병을 치료하신다는 소문만 듣고도 만나기를 간절히 원했던 사람이 많았습니다. 예수님을 만나기까지 어려운 상황이 있어도 끝까지 믿음과 정성을 내보임으로 응답받은 경우가 많지요. 잠언 8장 17절에 "나를 사랑하는 자들이 나의 사랑을 입으며 나를 간절히 찾는 자가 나를 만날 것이니라" 하신 대로입니다. 만일 하나님의 능력을 믿고 간절히 의지하는데도 응답받지 못한다면 이는 하나님과 막힌 죄의 담이 있기 때문입니다.

죄의 담을 헐어야 응답

치료하는 하나님을 믿어도 죄의 담이 있으면 하나님께서 응답하실 수 없습니다. 그래서 이사야 59장 1~3절에 "여호와의 손이 짧아 구원치 못하심도 아니요 귀가 둔하여 듣지 못하심도 아니라 오직 너희 죄악이 너희와 너희 하나님 사이를 내었고 너희 죄가 그 얼굴을 가리워서 너희를 듣지 않으시게 함이니 이는 너희 손이 피에, 너희 손가락이 죄악에 더러웠으며 너희 입술은 거짓을 말하며 너희 혀는 악독을 발함이라" 하신 것입니다.

우리가 응답받으려면, 먼저 무엇이 하나님과 우리 사이를 막는 죄의 담이 되었는지를 살펴서 그 담을 헐어 버려야 합니다. 그렇다면 과연 어떠한 것이 죄이며 무엇을 회개해야 할까요?

하나님과 주님을 믿지 않은 것을 회개해야 합니다.
하나님께서는 우리를 창조한 창조주이십니다. 우리를 사랑하시며 우리를 위해 독생자 예수님을 화목 제물로 내어주셨지요. 그 깊은 사랑을 알지 못하고 예수 그리스도를 믿지 않은 것이 죄 중에서 가장 큰 죄입니다. 성경을 보면 하나님을 믿지 않고 예수님을 구세주로 영접하지 않는 것 자체를 죄라 했습니다(요 16:9).

그런데 하나님을 믿지 않고 자기 마음대로 인생을 사는 사람들은 자신이 죄인임을 깨닫지 못합니다. 예수를 믿지 않지만 아무에게도 해를 끼치지 않고 선하게 살았으니 죄가 없다는 것이지요. 이는 영적 무지에서 비롯된 말입니다. 아무리 선하게 산다고 자부하는 사람이라도 진리인 하나님 말씀에 비추어 보면 옳지 않은 것이 대부분입니다. 그래서 의인은 하나도 없다(롬 3:10) 말씀하신 것입니다.

이렇게 믿지 않은 죄를 회개하고 예수 그리스도를 영접하면 하나님께서 성령을 주십니다. 성령을 받는 것만으로도 웬만한 질병은 성령의 불로 태움받아 깨끗해집니다. 그러므로 인생의 모든 문제와 질병 문제를 해결받으려면 무엇보다 먼저 하나님을 믿지 않은 죄를 회개하고 예수 그리스도를 영접해야 합니다.

사랑치 않은 것을 회개해야 합니다.

예수님은 참혹한 십자가의 고난을 당하고 죽으심으로써 영원히 죽을 수밖에 없는 인류의 죄를 대속하셨습니다. 우리를 사랑하여 생명을 내어주신 예수님을 생각하면 용서하지 못하고 사랑하지 못할 사람이 어디 있겠습니까. 하나님께서는 원수도 사랑하라 하셨는데

(마 5:44) 원수도 아닌 형제를 사랑하지 못하고 미워한다면 이는 하나님 앞에 큰 죄가 아닐 수 없습니다. 성경에는 "그 형제를 미워하는 자마다 살인하는 자"(요일 3:15)라 했고, "너희가 각각 중심으로 형제를 용서하지 아니하면 내 천부께서도 너희에게 이와 같이 하시리라"(마 18:35) 말씀하셨습니다.

우리의 과거와 현재, 미래의 죄까지 대속하신 예수 그리스도 앞에 진정 회개하고 돌이키면 성령의 능력에 힘입어 모든 사람을 사랑할 수 있습니다. 그러나 예수 그리스도를 영접하지 않는 사람은 용서받을 길이 없으며 성령의 도우심을 받을 수 없으므로 참된 사랑을 할 수도 없습니다. 따라서 우리는 설령 상대가 나를 미워한다 해도 구원의 은총을 베푸신 주님 사랑을 생각하며 상대를 사랑하고 이해할 뿐만 아니라 사랑의 기도를 해 줄 수 있어야 합니다. 그럴 때 하나님은 긍휼과 자비를 베풀어 신속하게 치료의 역사를 나타내 주십니다.

계명을 지키지 않은 것을 회개해야 합니다.

하나님께서는 우리가 계명을 지키고 그분 앞에서 기뻐하시는 것을 행하면 무엇이든지 응답해 주신다고 약속했습니다(요일 3:21~22). 따라서 기도해도 응답받지 못한다면 하나님의 계명을 지키지 않은 죄의 담이 있는지 점검해 보아야 합니다.

우리가 지켜야 하는 계명에는 무엇이 있을까요? 대표적으로 하나님께서 주신 십계명을 떠올릴 수 있습니다. 하나님을 믿는다면 성경

66권 말씀을 집약한 십계명을 배우고 깨우쳐 나에게 위배되는 것이 있는지 돌아보아야 합니다. 하나님 외에 다른 신을 마음에 두고 있지 않은가, 내 소유나 지식, 건강, 사업 등을 하나님보다 더 사랑하여 우상으로 받들고 있지는 않은가, 하나님의 이름을 망령되이 일컫지 않았는가, 안식일을 거룩히 지키는가, 부모를 공경하는가, 형제를 미워하거나 실족시켜 영적 살인을 하지 않았는가 살펴보아야 합니다.

또한 마음으로라도 간음하지 않았는가, 도적질하지 않았는가, 이웃에 대해 거짓 증거하지 않았는가, 남의 것을 탐내지 않았는가, 그리고 이웃을 내 몸과 같이 사랑하는지 항상 돌아보아 혹여 지키지 못한 부분이 있다면 신속하게 회개하고 돌이켜야 합니다.

요한일서 3장 24절에 "그의 계명들을 지키는 자는 주 안에 거하고 주는 저 안에 거하시나니 우리에게 주신 성령으로 말미암아 그가 우리 안에 거하시는 줄을 우리가 아느니라" 하셨습니다. 이렇게 마음을 온전히 주님께 드리며 성령의 인도에 따라 계명을 지켜 행할 때 질병 치료는 물론 구하는 대로 응답받고 형통한 길로 갈 수 있습니다.

욕심으로 기도한 것을 회개해야 합니다.

마가복음 11장 24절에 "무엇이든지 기도하고 구하는 것은 받은 줄로 믿으라 그리하면 너희에게 그대로 되리라" 했습니다. 그런데 만일 우리가 기도를 해도 응답이 없다면 어떻게 된 것일까요? 야고보서 4장 2~3절에 "너희가 얻지 못함은 구하지 아니함이요 구하여도 받지 못함은 정욕으로 쓰려고 잘못 구함이니라” 하셨습니다. 곧 구해도 응답받지 못한다면 진리에 합하지 못한 것을 구하기 때문이라는 것입니다. 식언치 않으며 말씀한 바를 이루시는 하나님은 약속한 대로 하나님의 영광을 위하여 믿고 구하는 사람에게는 반드시 응답하십니다.

하나님을 사랑하고 믿음이 있는 사람이라면 하나님 영광만을 구할 터이니 구하는 것마다 응답받아 영광 돌릴 수 있습니다. 예수님께서는 “너희는 먼저 그의 나라와 그의 의를 구하라 그리하면 이 모든 것을 너희에게 더하시리라”(마 6:33) 하셨습니다. 무엇을 먹을까 입을까 염려하는 것이 아니라 먼저 하나님 나라와 의, 곧 영혼 구원과 자신의 성결을 위해 기도하여 하나님을 기쁘시게 할 때 응답으로 역사하십니다.

예를 들면, 물질을 구할 경우 가난한 사람을 구제하고 영혼 구원을 위해 사용하려는 선한 목적이라면 반드시 그 믿음대로 응답받습니다. 그러나 하나님을 믿으면서 왜 가난하게 사느냐고 핍박하는 주변 사람의 코를 납작하게 해 주겠다는 마음으로 구한다면 그것은 욕심의 기도요, 악한 기도이니 응답받을 수 없습니다.

자녀가 좋지 않은 일에 쓰고자 큰 돈을 요구할 경우 자녀를 사랑하는 부모는 그 요구를 들어 줄 수 없습니다. 마찬가지로 하나님도 사랑하는 자녀가 잘못되는 것을 원치 않으므로 우리가 구한다고 무조건 응답하시지는 않지요. 요한일서 5장 14~15절에 “그의 뜻대로 무엇을 구하면 들으심이라 우리가 무엇이든지 구하는 바를 들으시는 줄을 안즉 우리가 그에게 구한 그것을 얻은 줄을 또한 아느니라” 하신 대로 욕심을 버리고 오직 하나님 뜻대로 구할 때 마음의 소원까지도 이루어 주십니다.

의심하며 기도한 것을 회개해야 합니다.

야고보서 1장 6~7절에 “오직 믿음으로 구하고 조금도 의심하지 말라 의심하는 자는 마치 바람에 밀려 요동하는 바다 물결 같으니 이런 사람은 무엇이든지 주께 얻기를 생각하지 말라” 하셨습니다. 의심은 인간의 지식이나 생각, 이론으로부터 나오며 원수 마귀 사단이 가져다 주는 것입니다. 의심은 정함이 없는 간사한 마음이며 하나님께서 싫어하십니다. 더욱이 의심을 가지고 기도하는 것은 전능하신 하나님을 무능력한 하나님으로 만드는 것이니 신속히 회개하며 마음에 믿어지는 영적 믿음을 갖기 위해 열심히 기도해야 합니다.

오랫동안 신앙생활을 했으면서도 하나님의 역사로 누가 치료받았다고 하면 함께 기뻐하는 것이 아니라 오히려 “정말일까?” 의심하는 사람이 있습니다. 이런 사람은 의심으로 인해 영적 믿음이 오지 않기 때문에 어떤 문제가 생기면 하나님보다 세상 방법을 의지합니다.

만약 여러분의 아버지가 세계 최고의 갑부라고 합시다. 그런데 여러분의 회사가 부도를 맞았다면 누구에게 의뢰하겠습니까? 당연히 아버지에게 하겠지요. 만약 다른 사람에게 의뢰한다면, 아버지 앞에 무슨 잘못을 했다거나 아버지와의 사이에 문제가 있다는 말입니다. 이때 아버지의 입장에서는 자녀가 자신을 찾아오지 못하는 것이 몹시 서운하고 안타까울 것입니다.

하나님과 우리 사이도 이와 같습니다. 우리가 전지전능한 하나님을 진정 믿는다면 당연히 하나님을 의존할 것입니다. 하나님을 믿지 못하기 때문에 세상을 의지하고 세상 방법을 찾는 것이지요. 이렇게 온전히 믿지 못하고 의심한 것을 회개하고 끝까지 하나님만 의지하여 믿음을 내보이면 하나님께서 반드시 응답하십니다.

성경을 보면 예수님은 믿음을 내보이지 못했을 때에는 그의 제자라 할지라도 책망하신(마 8:23~27) 반면, 조금의 의심도 없이 믿음을 내보인 사람에게는 비록 이방인이라 할지라도 칭찬하시고 사랑하셨습니다. 마태복음 8장 5~13절에 나오는 백부장은 비록 이방인이었지만 자기의 하인이 중풍으로 고통받는 것을 보고 직접 예수님께 찾아옵니다. 예수님께서 선뜻 "내가 가서 고쳐주리라" 응답하십니다.

그때 백부장은 "주여 내 집에 들어오심을 나는 감당치 못하겠사오니 다만 말씀으로만 하옵소서" 하고 큰 믿음을 내보였습니다. 하인을 사랑하는 백부장의 마음과 믿음을 기뻐하신 예수님은 "이스라엘 중 아무에게서도 이만한 믿음을 만나보지 못하였노라" 칭찬하셨고 백부장의 믿음대로 집에 있던 하인이 즉시로 치료되었습니다.

또 12년간 혈루증으로 고통받던 여인이 있었습니다(막 5장). 그녀는 많은 의원을 찾아다니며 치료를 받았지만 병세는 갈수록 심해졌고 재

산만 허비하였습니다. 더 이상 해결 방법을 찾지 못한 채 괴로운 시간을 보내던 중 여인은 예수님의 소문을 들었습니다. 때마침 예수님이 그 지방을 지나가신다는 소식을 들은 여인은 무리 속을 뚫고 들어가 예수님 옷자락을 살짝 만졌습니다. 옷자락만 만져도 나을 줄 믿은 것이지요.

과연 그 믿음대로 여인은 치료받았습니다. 이때 예수님은 자신에게서 능력이 나간 줄을 아시고 '누가 내 옷에 손을 대었느냐' 물으셨습니다. 여인은 혹여나 자신이 잘못한 것은 아닐까 두려워하며 떨었지만 진실하게 그 사실을 밝혔습니다. 뜻밖에 예수님은 여인에게 구원을 선포하며 '평안히 가라' 하셨습니다. 여인의 소원은 단지 병을 고치는 것이었지만 예수님은 그 믿음을 보시고 영혼의 구원까지 허락하셨습니다.

하나님 앞에 심지 않은 것을 회개해야 합니다.

하나님은 영계의 법칙과 질서를 좇아 행하는 공의로운 재판자이십니다. 갈라디아서 6장 7절에 "스스로 속이지 말라 하나님은 만홀히 여김을 받지 아니하시나니 사람이 무엇으로 심든지 그대로 거두리라" 하셨습니다. 축복받기 원한다면 하나님 앞에 믿음의 씨앗을 심어야 합니다. 곧 시간과 노력, 정성의 씨를 심어야 하지요.

기도로 심으면 응답을 받고 나날이 영혼이 잘되고 범사가 잘되는 복을 주십니다. 몸이 약한 사람은 각종 예배에 열심히 참석하며 충성

봉사로 심을 때 강건한 복을 얻으며, 물질로 심으면 물질의 축복을
주십니다.

마태복음 6장 21절에 "네 보물 있는 그곳에는 네 마음도 있느니
라" 말씀하셨습니다. 하나님께서는 어떤 행위 자체나 예물의 많고 적
음을 보시는 것이 아니라 그 안에 담긴 마음의 향을 받으십니다. 믿
음과 정성과 사랑의 향을 담아 드릴 때 기쁘게 받으시며 속히 응답과
축복으로 역사하십니다.

하나님을 사랑하는 사람은 응답받을 문제나 감사의 조건이 없을
때에도 부지런히 심습니다. 구원해 주신 은혜만으로도 너무 감사하기
때문입니다. 이런 사람은 항상 넘치도록 축복을 받으며 살아갑니다.
하물며 응답받을 문제와 치료받을 질병이 있는 사람이라면 더욱 정
성스럽게 믿음의 씨앗을 심어야 하지요. 그러니 혹여 하나님 앞에 심지
않고 응답받기만을 바랐다면 이를 회개하고 기쁨과 감사로 심는 지
혜로운 사람이 되어야 합니다.

아직까지 하나님을 믿지 않고 질병으로 고통받는다면 이제부터라
도 예수님을 구세주로 영접하고 믿음 생활을 시작하면 됩니다. 또한 어
떤 시험 환난이나 핍박이 있다 해도 구원의 하나님만 바라보고 믿음을
지켜 나가야 합니다. 그러면 그 믿음을 보신 하나님께서 역사하여 각종
인생의 문제가 해결되고 질병이 치료됩니다.

하나님을 믿으면서도 질병으로 고통을 당한다면 혹 내 마음 속

에 미움, 다툼, 시기, 질투, 교만, 분냄, 판단, 정죄, 탐욕, 분쟁, 수군수
군하는 것 등의 악이 있는지 살펴보고 기도하여 죄를 용서받아야 합
니다. 질병의 문제뿐만 아니라 물질이나 가족의 문제 등 인생의 모든
문제가 다 마찬가지입니다. 하나님과 막힌 죄의 담이 무엇인지 깨달아
신속히 그 담을 헐어 버릴 때 구하는 것마다 응답받을 수 있습니다.

범사에 감사해야

범사에 우리 주
예수 그리스도의 이름으로
항상 아버지 하나님께
감사하며
그리스도를 경외함으로
피차 복종하라
(엡 5:20~21)

유대인 학살이 벌어지던 때의 일입니다. 하나님을 신실히 섬기던 두 자매가 유대인을 숨겨 준 죄목으로 수용소에 들어갔습니다. 그들의 방에는 유난히 벼룩이 많았습니다. 다른 열악한 환경에 대해서는 감사할 수 있었는데 이 벼룩에 대해서만은 쉽게 감사가 나오지 않았습니다.

그런데 무슨 연유에서인지 그들이 있는 방 근처에는 간수들이 얼씬하지 않았습니다. 그래서 마음껏 기도하며 성경을 읽고 전도할 수 있었습니다. 얼마의 시간이 흐른 후 그곳에 간수들이 오지 않은 이유가 벼룩 때문이었음을 알게 되었습니다. 벼룩은 불평의 조건이 아니라 감사의 조건이었던 것입니다. 벼룩으로 인해 그들은 수용소라는 최악의 장소를 구원의 기쁨과 감사가 넘치는 기적의 현장으로 만들 수 있었지요.

우리 교회 권사 중에 전신 3도 화상을 하나님 능력으로 치료한 분이 계십니다. 의학적으로는 소생이 불가능할 정도로 심한 화상이었습니다. 펄펄 끓는 물을 뒤집어쓰는 사고 소식을 듣고 달려가 곧바로 기도해 주었는데 기도가 끝나자마자 화기가 물러갔습니다. 이후 저는 날마다 한 차례씩 기도해 주었고 성도들 역시 뜨겁게 마음을 모아 기도하니 눈에 뜨이게 치료의 역사가 나타났습니다. 완전히 죽은 세포는 나무껍질처럼 딱지가 앉았고, 그것이 떨어져 나간 부위에서는 새살이 돋았습니다. 이런 과정이 몇 차례 반복되더니 2~3개월이 지나자 손과 배 등은 깨끗이 치료되었습니다.

이상한 점은 허벅지 부위만큼은 치료 속도가 더뎠습니다. 그러니 다른 부위가 회복되었어도 꼼짝 못하고 누워 있어야만 했지요. '왜 그럴까' 하며 의문을 갖고 있었는데 얼마 있지 않아 그 이유를 알게 되었습니다. 새살은 매우 여린 상태였고 갓 형성된 핏줄은 조금이라도 움직이면 터질 것처럼 보였습니다. 그러니 새살이 자리를 잡고 핏줄이 형성되는 동안에는 몸을 움직일 수 없도록 하신 것입니다. 만약 허벅지 부위까지 한꺼번에 치유되었다면 그녀는 하나님 은혜에 감사하여 가만히 있지 못하고 이 소식을 전하기 위해 다녔을 것입니다. 그렇게 되면 여러 가지 문제가 생겼겠지요. 이러한 모든 정황 속에서 순리를 좇아 치료해 주셨고 믿음으로 기도하며 감사할 때에 더욱 신속히 치료됨을 보여 주셨습니다. 이와 같이 좋은 일뿐 아니라 궂은 일, 혹은 이해되지 않는 일이더라도 하나님을 믿음으로써 감사할 때에 모든 것을 합력하여 선을 이루시는 놀라운 역사를 체험할 수 있습니다.

Chapter 3

치료하는 여호와

질병에 관한 일반적인 공의

특별한 공의가 적용되는 경우

너희가 너희 하나님
나 여호와의 말을 청종하고
나의 보기에 의를 행하며
내 계명에 귀를 기울이며 내 모든 규례를 지키면
내가 애굽 사람에게 내린 모든 질병의 하나도
너희에게 내리지 아니하리니
나는 너희를 치료하는 여호와임이니라

출애굽기 15:26

질병에 관한 일반적인 공의

하나님께서는 우리가 질병과 상관없이 강건한 삶을 살기 원하시지만 얼마나 많은 사람이 질병의 고통 가운데 신음하며 살아갑니까. 원인 없는 결과가 없듯이 모든 질병에도 원인이 있으므로 질병이 왜 오는지 알면 신속하게 치료할 수 있습니다.

많은 사람이 질병의 문제를 가지고 하나님께 나와 해결받는데, 처음 교회에 나와 단 한 번의 기도로 치료받는 사람이 있는가 하면 간혹 수년을 기도하고 매달려도 치료되지 않는 경우도 있습니다.

열심히 자신의 죄를 회개하고 최선을 다해 신앙생활을 하는 것 같은데도 치료가 더디거나 여전히 약한 상태로 있는 것입니다. 이를 통해 우리는 하나님께서 무조건 치료의 능력을 베푸시는 것이 아님을 알 수 있습니다. 곧 하나님의 치료와 응답은 반드시 '공의'에 맞게 베풀어집니다. 이 세상의 모든 자연의 이치가 일정한 법칙대로 운행되듯이, 영계에도 일정한 법칙이 있는데 이러한 모든 법칙을 통틀어 '공의'라

합니다. 공의는 마치 수학공식과 같아서 어떤 일의 원인을 공의에 대입해 보면 결과를 짐작할 수 있고, 결과를 공의에 대입해 보면 그 원인을 파악할 수 있습니다. 하나님께서는 이 공의에 맞게 세상을 창조하시고 오늘날까지 이끌어 오셨습니다. 작게는 개인의 길흉화복에서부터 크게는 한 나라의 흥망성쇠까지 공의에 따라 역사되지요.

이처럼 하나님이 공의를 세우신 이유는 온전한 사랑을 나타내기 위해서입니다. 흔히 공의는 무섭고 두려운 것이며 징계가 따르는 것으로 생각하지만 응답과 축복, 행복의 열쇠도 되는 것입니다. 칼을 강도가 들면 사람을 위협하는 흉기가 되지만, 어머니가 들면 사랑하는 가족을 위한 요리 도구가 되듯이 공의가 어떤 사람에게 적용되느냐에 따라 때로는 무섭고 두려운 것으로, 때로는 행복한 것으로 다가온다는 말이지요. 이러한 공의가 없는 사랑은 참사랑이 아니며, 사랑 없는 공의 역시 참된 공의라 말할 수 없습니다. 공의는 사랑이 있으므로 완성되고 사랑 역시 공의가 있으므로 완성되는 것입니다.

그런데 사람들에게 병이 오는 것도 공의에 비추어 살펴보면 쉽게 원인을 파악할 수 있습니다. 그중에 질병에 걸리는 일반적인 경우로는 어떠한 것이 있을까요?

자신의 죄로 인해 병이 온 경우

출애굽기 15장 26절에 "나 여호와의 말을 청종하고 나의 보기에 의를 행하며 내 계명에 귀를 기울이며 내 모든 규례를 지키면 내가 애굽 사람에게 내린 모든 질병의 하나도 너희에게 내리지 아니하리니 나는 너희를 치료하는 여호와임이니라" 말씀합니다. 이는 질병이 오는 근본 원인을 알 수 있는 하나님의 공의가 담긴 말씀입니다. 여기서 '내가 애굽 사람에게 내린 모든 질병'이란 질병의 총칭으로, 말씀대로 살면 어떤 질병에도 걸리지 않게 지켜 주시겠다는 하나님의 약속이며 질병에 관한 공의의 법입니다. 만일 어떤 질병에 걸렸다면 그 원인이 하나님 말씀대로 살지 못한 데 있음을 알 수 있습니다.

신명기 28장에도 하나님의 모든 명령과 규례를 지켜 행하지 않으면 모든 저주가 임하는데 특히 어떤 질병이 임하는지 자세히 나와 있습니다. 염병이 들고 폐병과 열병과 상한과 학질과 한재와 풍재와 썩는 재앙을 겪게 되며, 종기와 치질과 괴혈병과 개창에 걸리고 치료를 받지 못한다는 것입니다. 또 미침과 눈멂과 경심증에서 구원할 자가 없을 것이며 무릎과 다리를 쳐서 고치지 못할 종기로 발하게 하여 발바닥으로 정수리까지 이르게 한다고 하셨습니다.

이처럼 죄로 인해 각종 질병과 사고로 어려움을 당하거나 자녀가 질병이나 약한 것을 가지고 태어나기도 합니다. 따라서 하나님의 능력으로 치료받기 원한다면 질병에 걸리게 된 원인, 즉 하나님 말씀대로 살지 못한 것을 회개해야 합니다. 하나님 앞에 온전히 회개할 때 "예수의 피가 우리를 모든 죄에서 깨끗하게 하실 것이요"(요일 1:7) 하신 말씀대로 죄를 용서받습니다. 그런 사람에게 하나님이 능력을 베푸셔서 질병과 연약함을 고쳐 주십니다.

하나님 능력으로 질병을 치료받았다면 다시는 죄를 범치 말아야 합니다. 예수님께서는 38년 된 병자를 고쳐 주신 후에 "보라 네가 나았으니 더 심한 것이 생기지 않게 다시는 죄를 범치 말라"(요 5:14) 하셨습니다. 하나님의 은혜와 사랑을 저버리고 다시금 죄를 짓는다면 전보다 더 심한 질병에 걸릴 수 있다는 것입니다.

물론 예외적으로 요한복음 9장에 나오는 눈먼 사람과 같이 하나님께 영광 돌리기 위한 섭리 가운데 태어나는 경우도 있습니다. 그러나 이런 경우는 매우 드물고 대부분의 질병이나 연약함의 근본 원인은 죄에 있습니다. 하나님 자녀는 하늘나라 백성이므로 하늘나라의 법을 좇아야 합니다. 하늘나라의 법인 하나님 말씀을 지켜 행하지 않는다면 불법이며, 죄이기 때문에(요일 3:4) 하나님이 지켜주실 수 없고 질병이 틈타는 것입니다.

죄를 짓지 않은 것 같으나 병이 온 경우

더러는 죄를 짓지 않았는데 질병에 걸렸다고 말합니다. 그러나 하나님 말씀은 참이기에 질병에 걸렸다면 무언가 하나님 보시기에 의를 행치 않았거나 규례를 지키지 않았기 때문임을 알아야 합니다. 예를 들어, 과식을 하거나 규칙적으로 식사를 하지 않아 생긴 위장 질환 또는 술이나 담배를 절제하지 못하여 생긴 암이나 간장 질환, 몸을 무리하게 사용하여 생기는 갖가지 질병이 있습니다. 이는 하나님께서 창조하신 육의 질서를 깨뜨렸기 때문에 공의에 따라 지킴을 받지 못하는 것입니다.

이런 것은 자신이 생각할 때에는 죄가 되지 않는 것 같으나 하나님이 보시기에 죄가 됩니다. 과식은 탐심이 있기 때문에 음식을 절제하지 못하는 것입니다. 불규칙적으로 식사를 하여 병이 생겼다면 이 역시 무절제한 것이지요. 술과 담배가 암을 유발하는 등 건강을 해치고 가정 불화를 불러오는 줄 알면서도 끊지 못하는 것도 절제하지 못한 것이며, 나아가 탐욕이요, 하나님이 주신 몸을 사랑치 않은 것입니다. 엄밀하게 말하자면 하나님 뜻을 좇지 않고 진리대로 행치 않은 것이니 죄가 됩니다.

신경성이나 정신적으로 병이 온 경우

국제노동기구(ILO)에서 "스트레스는 세계적인 전염병이다"라고 선포한 대로 현대사회는 스트레스로 가득합니다. 정신적인 긴장, 압박감, 초조, 피로 등의 스트레스를 이기지 못하면 마음에 병이 들고 결국 육체의 질병으로 이어집니다. 이러한 신경성이나 정신적 질환으로는 우울증, 신경성 노이로제 등이 있습니다.

그중 현대인의 역병(疫病)이라 불리는 우울증은 많은 사람이 쉽게 경험하는 질병으로서 '마음의 감기'라고도 합니다. 치료하지 않으면 수개월에서 수년간 지속될 수도 있으며 심하면 죽음에까지 이르는 무서운 병입니다. 일반적으로 신경 정신과 치료와 약물 치료가 이루어지고 있지만 쉽게 치료하기 힘들지요. 그러나 하나님 능력으로는 단번에 치료될 수 있습니다.

우리 교회의 한 성도는 주님을 영접하기 전 급격한 경기침체로 재정적인 어려움이 오자 우울증으로 인한 불면증과 신경쇠약을 앓았다고 합니다. 병원에 입원하여 약물치료를 받았으나 호전되지 않았고 여러 번 자살을 시도하기도 하였습니다. 그러던 어느 날 주위 분의 권유로 교회에 나와 신앙생활을 하면서 깨끗하게 치료받아 건강한 삶을 살고 있습니다.

그러면 왜 이러한 신경성 질환이 찾아올까요? 하나님 말씀대로 용서하고 사랑하고 이해한다면 나쁜 감정이 일어날 일이 없습니다. 미움이나 혈기가 나지 않으니 신경이 자극될 일이 없지요. 그러나 마음에 악이 있어 진리 말씀대로 행치 못하는 사람은 자기 감정에 못 이겨 신경 장애를 일으키고 이로 인해 면역력이 떨어지면서 질병에 노출되는 것입니다.

어떤 사람은 선한 것 같은데도 질병으로 고통받는 경우가 있습니다. 이는 사람이 볼 때에는 선한 것 같아도 중심을 보시는 하나님 앞에 그렇지 않기 때문입니다. 화가 나는데도 억지로 눌러 참으면 오히려 더 큰 병이 생길 수도 있습니다. 감정 발산이 정상적으로 이루어지지 못하니 신경 장애가 오는 것입니다. 반면에 진리 안에서 선은 용서하고 사랑하는 것이므로 감정과 갈등으로 고통받지 않고 평안을 누립니다.

그런가 하면 죄인 줄 알면서 행하기 때문에 마음에 병이 생기기도 합니다. 정신적으로 고통을 받아 스스로 병을 키우는 것입니다. 사람은 어리석기 때문에 스스로 몸과 영혼을 망치며 병을 자초하지만 사랑의 하나님은 이러한 영혼이라도 하나님께 나와 믿음을 가지면 치료해 주십니다. 나아가 하늘나라의 소망을 주며 참된 기쁨과 평안을 누리게 하십니다.

원수 마귀로 인해 병이 온 경우

주변을 보면 사단에 사로잡히거나 귀신이 들려서, 혹은 원수 마귀가 주는 질병으로 고통받는 사람들이 있습니다. 특히 우상을 심히 섬기는 가정에는 선천적인 장애를 가지고 태어나거나 정신적으로 온전하지 않은 경우가 많으며, 여러 시험 환난이 따르는 것을 봅니다. 하나님께서 싫어하시고 가증히 여기는 죄를 행했기 때문입니다.

그런데 우상과 상관이 없고 교회에 다니는데도 귀신 들리거나 악한 영의 역사를 받는 경우가 있습니다. 이는 '믿는다' 하면서도 심히 악을 행하여 어느 한계선을 넘는 경우입니다. 하지만 이러한 경우라도 하나님 앞에 철저히 회개할 때 온전케 해 주십니다.

만약 환자의 정신이 온전하지 못해서 하나님의 성전에 스스로 나와 말씀을 듣고 깨닫거나 회개할 수 없다면 가족이 대신 사랑으로 하나가 되어 회개하고 믿음으로 나와서 기도를 받아야 합니다. 비록 하나님 뜻을 저버리고 진리를 떠나 살므로 원수 마귀가 주는 여러 병에 걸렸더라도 회개하고 돌이켜 죄에서 떠나면 깨끗하게 치료받을 수 있습니다.

어떤 사람은 곧바로, 어떤 사람은 믿음이 자라나는 만큼 치료의 역사가 나타납니다. 이는 환자의 마음에 따라 하나님께서 다르게 역사하시기 때문입니다. 하나님 보시기에 치료해 주어도 하나님을 떠나지 않고 잘 믿을 수 있는 마음이라면 즉시 치료해 주십니다.

그러나 간사한 마음이 있어 쉽게 이랬다저랬다 하는 사람은 믿음이 자라는 만큼 치료해 주십니다. 모든 질병을 일시에 치료해 주면 마음이 변하여 하나님을 떠날 수 있기 때문입니다. 질병을 치료받고도 하나님을 떠나 구원받지 못하고 지옥에 간다면 무슨 소용이 있겠습니까. 하나님 편에서는 질병의 치료보다 영혼 구원이 더 중요합니다. 이같이 하나님은 우리를 사랑하기 때문에 오직 선하신 뜻 가운데 역사하십니다. 지금까지 말씀드린 것이 질병의 원인은 죄에 있다는 일반적인 공의로서, 대부분의 질병은 이 공의에 따라 오는 것입니다.

특별한 공의가 적용되는 경우

그런데 일반적인 공의가 아닌 특별한 공의가 적용되는 경우가 있습니다. 물론 "질병의 원인이 죄에 있다."는 공의에 해당되지만 좀 더 세부적으로 살펴보면 조상이나 가족들의 죄로 인해 질병이나 약한 것이 생기는 경우가 있는 것입니다.

가족의 범죄로 오는 경우

가족의 범죄로 인해 질병이 오는 이유는 질병에 걸린 당사자가 가족과 영적인 끈으로 묶여 있기 때문입니다. 대개는 부부나 부모 자녀 간에 영적인 끈으로 묶인 경우인데 드물게 형제간에 묶인 경우도 있습니다. 예전에 믿음 있고 충성하는 여 성도가 중한 질병에 걸려 소천하였습니다. 그분의 신앙으로는 병에 걸릴 만한 죄를 지은 것이 없지만, 남편이 하나님의 재정에 임의로 손을 대는 등 하나님을 노엽게 하는 큰 죄를 범했기 때문입니다.

그렇다고 누구나 가족이 범죄하면 대신 벌을 받게 된다는 뜻은 아닙니다. 범죄한 사람을 자신의 마음에서 놓지 못하고 어떤 단서를 붙여서 기도한 경우에 이것이 영적인 끈으로 묶여 대신 값을 치르는 것입니다. 남편이 비진리를 행한다 해도 온전히 하나님께 맡긴다면, 하나님 방법대로 역사하실 수 있습니다. 그런데 이 여 성도는 자신이 대신해서라도 남편이 용서받기 원했기에 남편을 마음에서 놓지 못하고 계속 자신과 결부시켜 나감으로 그런 결과가 초래되었지요.

이런 경우라도 생명선의 한계를 넘기 전에 범죄한 가족이 죄를 회개하고 돌이키면 하나님께서 질병을 치료해 주실 수 있습니다. 그러나 생명선을 넘은 후에 회개하거나 끝까지 회개하지 않는다면 결국 공의에 의해 치료받지 못하는 것입니다. 혹 '범죄한 가족 때문에 대신 질병으로 고통받는다면 너무 억울한 일이 아닌가?' 생각할 수도 있는데 꼭 그렇지만은 않습니다. 하나님은 공의의 잣대로만 심판하는 것이 아니라 그 위에 사랑을 더하시기 때문입니다.

이분의 간절한 사랑의 기도로 결국 남편이 회개하고 구원에 이를 수 있는 기회를 얻었습니다. 또한 자신도 질병의 고통 속에서 끊임없이 자기를 돌아봄으로써 더 좋은 천국에 가게 되었지요. 질병으로 고통의 시간은 있었지만 하나님께서 합력하여 선을 이루심으로 값진 열매를 거두게 하신 것입니다.

조상의 극심한 우상 숭배로 오는 경우

성경을 보면 하나님의 진노가 삼사 대까지 이르는 경우가 있습니다. 조상 대대로 우상 숭배를 했거나 귀신을 불러들여 접하는 등 극심한 우상 숭배를 하는 경우입니다(신 5:9). 이처럼 조상 대대로 쌓이고 쌓인 악이 후손의 어느 대에 이르러 가득 차면 저주가 임합니다. 불치, 난치병과 연약함을 지닌 자녀가 태어나거나 집안에 우환이 끊이지 않지요. 알콜 중독자, 정신 질환자도 대대로 우상 숭배를 많이 한 가정에서 나옵니다.

이런 가정에서 태어난 사람이 하나님을 믿으려 할 때 영적인 방해가 더 심합니다. 사단이 참 믿음을 갖지 못하게 육신의 생각을 불러일으키거나 예배시간에 졸음으로 빠지게 합니다. 그래서 우상 숭배를 많이 한 가정에서 태어난 사람이 참 믿음을 갖기 위해서는 다른 사람보다 더 많은 노력을 해야 합니다.

이때 조상의 범죄로 어려움이 임한다면 후손의 입장에서는 억울하다고 생각할 수 있지만 그렇지 않습니다. 자신의 노력 여하에 따라 얼마든지 달라질 수 있기 때문입니다. 즉 죄를 버리고 영의 마음을 이루는 만큼 원수 마귀 사단의 영향을 받지 않으며, 온전히 영으로 들어간다면 조상의 끈으로 인한 영향은 전혀 없습니다.

누구에게나 하나님을 믿을 수 있는 기회는 주어지지만, 그 기회를 잡느냐 못 잡느냐는 각 개인의 자유 의지에 달려 있습니다. 비록 조상이 심히 우상을 숭배하여 저주가 임한 가정에서 태어났다 할지라도 신실하게 하나님을 믿는 사람은 그 저주와 상관이 없지요. 하나님은 정확한 공의를 적용하시지만 더불어 반드시 사랑으로 덮으심으로써 모든 일에 합력하여 선을 이루십니다.

알콜 중독의
늪에서
빠져나왔어요

술 취하지 말라
이는 방탕한 것이니
오직 성령의 충만을
받으라
(엡 5:18)

알콜 중독으로 야기되는 문제는 단순히 개인에게 국한되지 않습니다. 가정파탄, 폭력, 살인 등 사회적인 문제로까지 이어지는 경우가 허다합니다.

우리 교회의 한 남 성도는 아버지를 일찍 여의어 어려운 가정을 일으켜야 한다는 막중한 책임감을 지니고 있었습니다.

1979년 초, 사우디아라비아에 용접 기능공으로 파견 근무를 갔습니다. 성실함을 인정받아 1980년에는 상공부 장관상까지 수상하였지요. 그러나 작업 도중 허리를 크게 다쳐 그해 9월경 귀국을 하였는데, 그를 기다리는 것은 절망적인 소식뿐이었습니다. 그동안 송금한 급여가 한 푼도 남아 있지 않은 것입니다. 큰 누이가 돈놀이를 하다가 자신의 돈은 물론, 형제들과 일가친척의 돈까지 끌어들여 다 날리고 자살한 것입니다. 불편한 몸으로 일도 할 수 없는 상황에서 날마다 술을 마시고 신세 한탄하며 세월을 보냈습니다.

설상가상으로 1998년에는 교통사고를

당해 지체장애 3급 판정을 받았습니다. 급기야는 알콜에 중독되어 술만 마시면 집안 살림을 부수고 아내를 구타하며 신고를 받고 달려온 경찰관까지 폭행했다고 합니다. 수차례 자살을 시도하였지만 번번이 실패하였지요. 그러던 어느 날 갈비뼈 석 대가 부러지는 사고를 당하여 병원에 입원해 있다가 잠시 외출하여 집으로 가는 길이었습니다. 그날 역시 술에 취해 버스를 탔는데 운전기사가 친절하게 "서울 구로동에 있는 우리 교회에 한번 가보지 않으실래요?" 하는 것이었습니다.

평소 같으면 술김에 욕설이 튀어 나왔을 텐데 그날따라 "그래요? 한 번 가봅시다." 하고 선뜻 대답했습니다. 약속을 지키기 위해 주일에 병원을 나와 교회를 찾아왔습니다. 교회 정문에 도착하니 무언가 알 수 없지만 마음에 평안이 느껴졌습니다. 「십자가의 도」 설교 말씀을 들으며 천국과 지옥은 분명히 있고, 하나님께서는 모든 인류를 사랑하신다는 깨달음이 왔다고 합니다. 그 뒤 그분은 제게 기도를 받았습니다.

"알콜 중독도 치료해 주시고 부러진 갈비뼈도 치료해 주십시오."

그날 이후로 술 냄새만 맡아도 구토 증상이 나타나 하루 대여섯 병씩 마시던 술을 입에 대지도 않게 되었습니다. 20년 동안 마시던 술을 단번에 끊은 것입니다. 지금은 취업하여 건실한 사회인으로 거듭났지요. 불행과 어둠의 그늘이 드리운 가정에 하나님의 빛이 비춰니 행복과 기쁨이 넘치는 가정이 되었습니다.

Chapter 4

태의 열매

태의 문을 열고 닫으시는 하나님

태의 열매에 대한 공의

자식은 여호와의 주신 기업이요
태의 열매는 그의 상급이로다

시편 127:3

태의 문을 열고 닫으시는 하나님

믿음으로 의롭게 살면 질병과 상관없이 강건하게 살아갑니다. 더구나 하나님을 기쁘시게 하면 마음의 소원까지도 응답받을 수 있습니다. 오늘날 불임으로 고통받는 가정이 의외로 많은데 하나님은 불임도 치료하시는 분이십니다. 성경을 보면 한나의 눈물의 기도를 들으신 하나님은 사무엘 선지자를 잉태하도록 축복하셨습니다. 99세 된 아브라함과 89세 된 사라를 통해서도 아들 이삭을 잉태케 하셨으며 세례 요한의 부모인 사가랴와 엘리사벳도 마찬가지입니다.

엘리사를 지극히 공궤했던 수넴 여인은 엘리사의 축복으로 아들을 얻었습니다. 이 여인은 수넴 지방에 사는 귀부인으로서 엘리사 선지자가 하나님의 거룩한 사람인 줄 알았기에 참으로 정성껏 섬겼습니다. 어느 날, 엘리사는 이 여인을 불러 소원을 물었습니다. 그러나 여인은 아무것도 바라는 것이 없었습니다. 무엇을 바라고 엘리사를 섬긴 것이 아니기 때문입니다. 다만 하나님을 사랑하기에 진실한 마음으로 하나님의 사람을 섬겼던 것이지요.

수넴 여인의 선한 마음에 감동한 엘리사는 사환에게서 그 여인의 남편은 이미 늙었고 그들에게 아들이 없는 것을 전해 듣습니다. 그래서 "돌이 되면 네가 아들을 안으리라."며 잉태의 축복을 약속하지요. 생명에 관한 것은 하나님의 소관인데, 사람이 감히 어찌 이런 말을 할 수 있겠습니까? 어느 누가 잉태하지 못하는 여인에게 아들을 낳으리라고 축복한다고 해서 아들을 낳을 수 있겠습니까? 그러나 엘리사는 하나님의 뜻을 알았기에 감동 속에 그와 같이 축복하였던 것입니다.

반면에 다윗 왕의 아내였던 미갈은 하나님께 저주를 받아 죽는 날까지 잉태하지 못했습니다. 다윗 왕은 오랫동안 잃어버렸던 하나님의 언약궤를 찾아 성전으로 옮길 때에 너무도 기쁜 나머지 하나님 앞에서 어린아이처럼 뛰놀고 춤추었습니다. 당시 이웃 나라로부터 조공을 받는 강대국의 왕이었지만 하나님 앞에 어린아이처럼 겸손한 심령이었기 때문에 백성과 함께 춤을 출 수 있었던 것입니다.

그러나 이를 바라본 아내 미갈의 반응은 어떠했습니까? 왕이 체통을 지키지 않는다 하여 업신여기기까지 합니다. 이로 인해 하나님께서 석녀가 되게 하시니 그녀는 일생 동안 아이를 갖지 못했습니다(삼하 6:23). 이처럼 잉태하는 것, 곧 태의 문을 열고 닫는 것을 주관하시는 분은 오직 하나님이십니다.

태의 열매에 대한 공의

잉태의 축복을 받았다 해도 태의 열매가 온전치 못하다면 진정한 축복이라 말하기가 어렵습니다. 그래서 태의 열매를 온전히 얻는 것은 상급이며 축복입니다(시 127:3). 하나님께서 잉태를 주관하신다는 것은 생명이 잉태될 때마다 이 아이는 정상으로, 저 아이는 비정상으로 태어나도록 일일이 간섭하신다는 뜻이 아닙니다. 이는 하나님이 세우신 공의에 따라 자연적으로 결정되는 일입니다.

그러면 태중에서부터 아이가 잘못되는 이유는 무엇일까요?

먼저는 아기가 잉태될 때 부모로부터 결함이 있는 씨가 결합하거나 수정될 때 연약하게 된 경우입니다. 각종 유전 질환이나 다운증후군, 선천성 희귀 질환 등이 이에 해당합니다.

다음으로, 생명이 씨는 정상적으로 형성되었으나 태중에 자라면서 외부 환경의 영향으로 정신 지체나 각종 신체 기형을 가지고 태어나는 경우입니다. 하나님을 대대로 잘 믿는 가정에서는 이런 일이 거의 일어나지 않지만 간혹 지킴 받지 못하는 경우가 있습니다.

부모의 말이 올무가 된 경우

잠언 13장 2절에 "사람은 입의 열매로 인하여 복록을 누리거니와 마음이 궤사한 자는 강포를 당하느니라" 했고, 잠언 18장 21절에는 "죽고 사는 것이 혀의 권세에 달렸나니 혀를 쓰기 좋아하는 자는 그 열매를 먹으리라" 했습니다. 사람의 말로 인해 재앙과 축복이 달라지는데, 이것이 자녀에게까지 영향을 미치는 경우가 있습니다. 과연 태아에게 영향을 미칠 만큼 올무가 되는 말에는 무엇이 있을까요?

부모가 하나님 앞에 용서받기 힘든 말을 내었을 때에 태아에 영향을 미칠 수 있습니다. 예를 들어, 남편이나 아내가 성령을 훼방하는 말을 하여 하나님을 진노케 했다면 태아에게 바로 영향이 갑니다. 특히 태아의 뇌에 이상이 생기는 경우가 여기에 많이 해당됩니다.

또 임신 중에 남편이나 아내가 하나님께서 권능으로 보장하는 하나님의 종을 판단했을 때 태아에게 영향이 미칩니다. 세상에서도 선한 사람은 다른 사람을 함부로 판단하거나 비판하지 않습니다. 하물며 하나님이 함께하시는 권능을 보면서도 비방한다면 양심이 심히 악에 물들어 있는 것입니다. 자기 악 속에서 판단하고 비판하는 것이 습관이 되어 삶 속에서 많은 악을 쌓아왔음을 짐작할 수 있습니다. 이처럼 쌓인 악 위에 결정적으로 성령을 훼방하는 말을 했는데, 그때 임신이 되거나 임신 중이었다면 그것이 태아에게 영향을 줍니다.

성령을 훼방하는 말처럼 커다란 죄가 아니라 해도 올무가 되어 태아에게 영향을 미치는 경우도 있습니다. 예를 들어, 부부가 말다툼을 하다가 감정이 상하여 괜히 하나님까지 원망하고 불평한 것이 올무가 되어 연약한 아이를 출산하기도 합니다. 비교적 죄과가 적은 말을 했는데도 올무가 되는 이유는 무엇일까요?

비유를 들면, 10리터들이 양동이가 두 개 있다고 합시다. 1번 양동이에는 물이 1리터 담겨 있고, 2번에는 9.5리터 담겨 있습니다. 이때 1번 양동이에는 7리터의 물을 더 부어도 넘치지 않지만, 2번 양동이에는 1리터만 부어도 넘칩니다. 즉, 1번은 2번에 비해 많은 양을 채워도 물이 넘치지 않지만, 2번은 조금만 채워도 넘치고 마는 것입니다.

사람의 말이 올무가 되어 징계나 저주가 임할 때에도 이 같은 경우가 있습니다. 바로 조상 대대로 하나님 앞에 쌓인 죄악의 분량까지 공의 가운데 정확히 측정되어 그 공의에 의해 역사되는 것입니다. 조상이 하나님을 알지 못했어도 선하게 살았다면 쌓인 죄악이 적을 것입니다. 이런 경우에는, 그의 후손이 하나님을 서운케 하는 말을 했다 해도 즉시 올무가 되어 징계로 돌아오지는 않습니다. 하지만 조상 대대로 쌓인 죄악이 많은 경우에는 비교적 가벼운 죄의 말이라 해도 올무가 되어 재앙으로 인하게 됩니다.

성경을 보면 하나님께서는 공의 가운데 죄악의 분량을 측정하고 심판하십니다. 창세기 15장 16절에, 하나님께서 아브라함에게 "네 자손은 사 대 만에 이 땅으로 돌아오리니 이는 아모리 족속의 죄악이 아직 관영치 아니함이니라 하시더니" 했지요.

하나님은 아브라함의 후손이 가나안 땅을 차지할 것을 약속하셨는데, 그러려면 먼저 그곳 원주민을 내보내야 합니다. 이때 하나님께서 이스라엘 백성에게 땅을 주기 위해 원주민을 무조건 쫓아내신 것이 아니라 그들의 죄악이 커서 돌이키기 힘들 지경이 되어서야 쫓아내시지요. 물론 하나님께서 죄악이 차기를 바라고 기다리신 것이 아닙니다. 만약 그들이 죄에서 돌이킨다면 은혜를 베푸셨겠지요. 다만 중심을 보시는 하나님께서는 그들이 죄악 중에서 돌이키지 않을 것을 아셨고 그래서 그 땅을 아브라함의 후손에게 주고자 하셨던 것입니다. 곧 아모리 족속은 자신들의 죄로 인해 그 땅에서 쫓겨난 것이지 하나님께서 임의로 쫓아내신 것이 아닙니다.

태의 열매가 온전치 못하여 연약한 자녀가 태어나는 것도 그럴 만한 이유가 있습니다. 지금은 부부가 믿음을 지키고 하나님을 사랑하며 산다 해도 믿음을 갖기 이전에 행한 일 가운데 해결되지 않은 것이 올무가 될 수 있습니다. 예를 들어, 예전에 임의로 낙태한 적이 있다면 이는 분명 살인죄입니다. 비록 하나님을 알지 못한 때의 일이라 해도 생명은 하나님께 속한 것이기 때문입니다. 이러한 죄로 인해 이후에 태어나는 아이가 연약한 경우가 있습니다.

세상에서도 임신 중인 여인은 좋은 것만 생각하고, 좋은 것만 보고 들으며, 선한 말과 고운 말만 해야 함을 강조합니다. 그러니 하나님 자녀라면 당연히 하나님의 거룩하심을 닮아 선과 진리 가운데 살아야 하며, 특히 임신 중에는 태중의 아기에게 영향이 미칠 수 있으므로 더욱 주의해야 합니다.

조상으로부터 쌓인 죄악이 심히 큰 경우

앞서 말한 대로 극심한 우상 숭배를 하거나 하늘을 향해 심히 악한 말을 한 경우, 곧 원망과 저주의 말을 내었을 때에 그것이 후손에게 저주로 임합니다. 잔인하게 사람의 생명을 빼앗는 등 보통 사람으로서 할 수 없는 악한 일을 행한 경우도 그렇습니다. 조상대에서 이런 악한 죄가 쌓일수록 그것이 자손에게 영향을 미칩니다.

예를 들어, 몸은 여자인데 스스로를 남성으로 느끼는 경우가 있고, 반대로 몸은 남자인데 스스로를 여성이라 느끼는 경우도 있습니다. 남자의 몸으로 태어났으면 남자의 성향을 따라가는 것이 순리인데, 여자처럼 살아간다는 것은 이치에 맞지 않는 일입니다. 하나님을 믿는 사람 중에서 이런 경우가 있다면 어떻게 해야 할까요? 부지런히 마음을 할례하여 육신의 정욕, 특히 간음을 벗어내야 합니다. 그래서 깨끗한 마음이 되면 이러한 정신적인 혼란에서 벗어나 구원에 이를 수 있습니다.

정신 지체도 조상이 한 악한 말이 쌓여 초래된 경우가 많습니다. 자폐증도 마찬가지입니다. 자폐증은 아기가 태어난 지 1년 정도 지나면서 그 증상이 뚜렷이 드러나지만, 이미 태중에서부터 시작됨을 알아야 합니다. 자폐증은 조상의 죄로 인해 오는 경우도 있지만, 임신 중 부모 마음이 어떠했는지도 살펴보아야 합니다.

주변 환경 속에서 서러운 일을 많이 겪음으로써 악을 품거나 몹시 절망하고 좌절하여 하나님을 서운케 하는 말을 하여 자녀가 자폐증에 걸린 경우도 있습니다. 자폐증은 영적으로 아이의 마음이 한정된 틀 안에 갇혀 있는 것입니다. 그래서 어릴 적부터 자유롭게 생각하거나 행동하지 못합니다. 이로 인해 사회생활을 할 수도 없고, 하나님을 찾거나 진리를 알 수도 없습니다.

그러면 이를 해결하기 위해서는 어떻게 해야 할까요? 자폐증이 된 것은 하나님과 막힌 죄의 담이 큰 경우이므로 부모가 금식과 철야기도로 간절히 하나님께 매달려서 그 담을 완전히 헐어야 합니다. 가장 확실한 방법은 부모가 영의 사람, 진리의 사람이 되는 것입니다. 그리고 권능의 종에게 기도받으면 사로잡혀 있는 아이의 마음이 풀려서 자신의 마음을 찾을 수도 있습니다.

앞서 하나님은 죄에 대해서는 공의를 적용하시지만 사랑으로 덮으신다 했습니다. 우리에게 일흔 번씩 일곱 번이라도 용서할 것을 말씀하셨듯이 용서와 사랑의 하나님이시기 때문입니다. 자녀가 떡을 달라는데 돌을 줄 부모가 없듯이 어찌하든 우리에게 좋은 것을 주기 원하시는 분이지요.

그러므로 성도의 가정에 연약한 자녀가 태어났다면 먼저는 회개하여 죄의 담을 헐고 죄에서 온전히 돌이키며, 사랑과 긍휼이 풍성하신 하나님께 모든 것을 맡겨야 합니다. 하나님께 맡긴다 해서 두 손 놓고 있거나 포기하라는 것이 아닙니다. 하나님이 합력하여 선을 이

뤄 주실 것을 믿음으로 구하되 그 결과에 대해 오직 감사할 수 있어야 한다는 것이지요.

하나님께서 자녀를 기업으로 주신 근본적인 이유는 자녀를 양육하면서 하나님의 깊은 마음까지도 깨달으며 더욱 하나님 마음을 온전히 닮기 원하시기 때문입니다. 만일 연약한 자녀로 인해 마음고생하며 힘든 삶을 산다면 마음의 아픔과 고통을 하나님도 다 아십니다. 하나님은 공의로 인해 연약한 자녀를 허락하실 수밖에 없지만, 사랑의 하나님을 믿고 의지하면 반드시 위로부터 힘을 주고 위로하십니다. 이를 믿는 믿음과 소망 가운데 인내하며 항상 승리하는 삶을 영위하시기 바랍니다.

저절로 이루어진 것은 없다

집마다 지은 이가 있으니
만물을 지으신 이는
하나님이시라
(히 3:4)

미국 초대 대통령 조지 워싱턴이 어렸을 때 일입니다. 아버지가 신앙을 갖게 하려고 많은 애를 썼지만 그는 좀처럼 받아들이지 않았습니다. 어느 봄날 아버지는 뒷동산에 올라 화단을 만들고, 꽃으로 '워싱턴'이라 새겨 놓았습니다. 며칠 후 워싱턴은 아버지에게 물었습니다.

"아버지, 누가 뒷동산에 화단을 만들어 놓았어요. 아버지가 하셨나요?" "아니, 저절로 그렇게 난 모양이다." "어떻게 그런 일이 있을 수 있어요? 누군가 심었으니까 나왔겠지요." "조지야, 몇 포기의 꽃도 저절로 나올 수 없는데 어째서 이 우주 만물을 통해 나타내신 하나님의 손길은 느낄 수 없단 말이냐."

오늘날 많은 사람이 창조론을 믿으려 하지 않습니다. 그러나 우리 주변에는 창조를 확증하는 증거가 매우 많습니다. 마음이 선한 사람은 자연만 보아도, 그것을 만드신 창조주 하나님을 인정합니다(롬 1:20). 지구에는 수많은 사람이 살고 있는데 누구나 두 개의 눈을 갖고 있습니다. 귀도 역시 두

개입니다. 코는 하나, 콧구멍은 둘, 입은 하나이지요. 눈, 코, 입의 위치도 사람마다 같습니다. 지구의 모든 동물, 새와 곤충까지도 마찬가지입니다. 종류대로 약간의 특성이 있기는 하지만 거의 대부분 동일한 구조를 가지고 있습니다. 바로 그 모든 것이 한 분의 설계에 의해 계획되고 창조되었음을 뜻합니다.

2004년 12월, 페루 연합대성회를 인도했을 때의 일입니다. 밸날딘 요 에레디아라는 75세 된 할아버지는 10년 동안 양쪽 귀가 들리지 않아 힘들게 생활하던 중 성회에 참석해 저의 기도를 받았는데 놀랍게도 순음 청력 역치 59dB로 현저한 호전을 보였습니다. 이를 검진한 청각 전문의는 "이제는 보청기를 착용하면 정상인처럼 들을 수 있습니다." 하며 하나님께 영광 돌렸지요.

또 다른 예로 우리 교회의 한 여 성도는 선천성 뇌성마비로 왼쪽 다리가 오른쪽보다 4센티미터 짧았습니다. 걸을 때에도 다리를 절었을 뿐 아니라, 척추와 골반이 뒤틀려 오래 서 있거나 걷기 힘들었지요. 그러다가 1997년 부흥성회에 참석하여 저에게 기도를 받자 그 자리에서 짧았던 왼쪽 다리가 길어져 똑바로 설 수 있게 되었습니다. 짧은 다리 때문에 휜 척추가 펴지면서 뒤틀린 골반도 정상으로 돌아왔으며, 이로 인해 키가 3센티미터 이상 커졌지요. 하나님께 기도받는 순간 창조의 역사를 베풀어 이처럼 모든 것을 온전하게 만드셨습니다. 하나님의 창조 역사는 오늘날에도 수없이 나타나고 있습니다.

Chapter 5

그가 채찍에 맞음으로
우리가 나음을 입었도다

하나님의 아들로서 모든 질병을 고치신 예수님

저희의 믿음을 보시고

믿음은 바라는 것들의 실상

행함으로 온전케 되는 믿음

그는 실로 우리의 질고를 지고
우리의 슬픔을 당하였거늘
우리는 생각하기를 그는 징벌을 받아서
하나님에게 맞으며 고난을 당한다 하였노라
그가 찔림은 우리의 허물을 인함이요
그가 상함은 우리의 죄악을 인함이라
그가 징계를 받음으로 우리가 평화를 누리고
그가 채찍에 맞음으로 우리가 나음을 입었도다

이사야 53:4∼5

하나님의 아들로서 모든 질병을 고치신 예수님

사람은 세상을 살아가면서 갖가지 문제에 봉착합니다. 바다가 항상 고요할 수만은 없듯이 인생의 바다에서도 가정, 일터, 사업터뿐 아니라 질병, 물질 등의 많은 문제를 겪게 마련입니다. 그런데 그중 가장 큰 문제는 질병이라 해도 과언이 아닐 것입니다.

아무리 많은 물질과 지식이 있다 해도 도저히 치료할 수 없는 병에 걸렸다면 그 모든 것이 한낱 물거품에 지나지 않습니다. 그러나 하나님은 무엇이나 하실 수 있는 분으로 그분께 나와 의지하는 사람에게 모든 질병을 치료할 수 있는 길을 제시하십니다. 그 길은 바로 예수 그리스도를 믿는 것입니다.

어느 날 예수님께서 제자들에게 "너희는 나를 누구라 하느냐"고 묻습니다. 이때 시몬 베드로가 담대히 나서서 "주는 그리스도시요 살아 계신 하나님의 아들이시니이다"라고 대답합니다. 이에 예수님은 베드로를 칭찬하시며 "이를 네게 알게 한 이는 혈육이 아니요 하늘에 계

신 내 아버지시니라" 말씀합니다. 간단한 대화이지만 예수님이 누구이
신지를 확실하게 알려 주는 말씀입니다(마 16:14~17).

하나님의 아들로서 구세주의 사명을 지닌 예수님은 육신을 입고
이 땅에 오셨습니다. 그리고 공생애 동안 갖가지 질병으로 고통당하
는 사람들을 고치며 놀라운 기사와 표적을 보이셨습니다. 이 일로 허
다한 무리가 예수님을 따랐습니다. 문둥병자나 열병에 걸린 사람, 하
반신 장애, 눈먼 사람 등이 예수님을 만나 치료되었습니다. 예수님을
믿고 영접하는 사람마다 치료받고 갖가지 인생의 문제를 해결받았지
요. 이는 비단 성경에 기록된 당시의 일만이 아니며 오늘날에도 마찬
가지입니다.

폐결핵으로 병원에서 치료될 가능성이 없다는 진단을 받은 한 청
년이 있었습니다. 그는 고등학교 때 폐결핵에 걸렸는데 보건소에서 주
는 약을 먹고 호전되었으나 대학에 들어가 술과 담배를 즐기면서 재
발하였습니다. 그 후에는 병원에서 주는 약을 먹어도 치료가 되지 않
았습니다. 그의 어머니는 아들의 병을 치료하고자 몸에 좋다는 뱀, 고
양이, 생간, 똥물을 비롯하여 문둥병(한센병) 환자가 먹는 독한 약까
지 먹였습니다.

굿을 하기도 하고 좋다는 민간요법까지 다 써보았지만 소용이 없
었지요. 얼마 뒤 서울의 큰 병원에서 진단을 받았는데 이미 폐가 거의
없는 상태였습니다. 입원하여 치료를 받았지만 차도가 없었습니다. 결

국 모든 것을 포기하고 죽음을 기다리던 중에 우리 교회에서 일어나는 각종 치료 역사를 전해 들었습니다.

1983년 3월, 그는 마지막 희망을 안고 금요철야예배에 참석했습니다. 청년은 주님을 영접하고 매일 집회에 참석하며 3일 금식으로 믿음을 내보였습니다. 생명을 걸고 믿음을 내보인 것입니다. 금식한 지 3일째 되던 날, 하나님이 회개의 영을 주셔서 통회자복을 세 차례나 하였지요. 그가 교회에 온 지 13일째 되던 날에 드디어 하나님의 역사가 나타났습니다.

침을 뱉어도 피가 나오지 않고 맑은 침만 나오더니 가슴을 찌르는 통증도 완전히 사라진 것입니다. 건강을 회복한 청년은 그 후 주의 종으로 부름받아 사역하고 있습니다. 이처럼 누구든지 예수 그리스도를 믿고 죄를 용서받으면 질병 치료뿐 아니라 의학으로 고칠 수 없는 약한 것도 회복되며 강진한 삶을 누릴 수 있습니다. 그러면 왜 예수 그리스도를 믿을 때 치료의 역사가 나타나는 것일까요?

예수님은 십자가에 못 박히기 전, 빌라도 법정에서 로마 병사에 의해 채찍에 맞고 피 흘리셨습니다. 날카로운 채찍이 온몸을 휘감고 잡아챌 때마다 살이 찢기고 피가 흘렀습니다. 하나님의 아들로서 죄 없으신 분이 왜 그처럼 혹독한 채찍에 맞으며 피 흘려야 했을까요? 하나님은 왜 그러한 고통을 당하도록 허락하셨을까요?

이사야 53장 5절에 "그가 찔림은 우리의 허물을 인함이요 그가 상함은 우리의 죄악을 인함이라 그가 징계를 받음으로 우리가 평화를 누리고 그가 채찍에 맞음으로 우리가 나음을 입었도다” 말씀하신 대로 예수님이 채찍에 맞고 피 흘리신 것은 우리의 질병을 담당하기 위해서입니다. 질병의 근원은 죄이며 그 죄를 대속하기 위해서는 피 흘림이 있어야 하기에(히 9:22) 예수님이 채찍에 맞고 피 흘려 우리를 모든 질병의 고통에서 자유케 하신 것이지요.

베드로전서 2장 24절에 “저가 채찍에 맞음으로 너희는 나음을 얻었나니” 말씀했습니다. 그래서 예수님이 채찍에 맞고 피 흘리심으로써 질병을 담당하셨음을 믿는 사람은 더는 약한 것이나 질병으로 고통받을 이유가 없습니다(마 8:17). 예수님께서 채찍에 맞아 질병을 담당하셨으니 이제 필요한 것은 그 말씀을 믿는 것입니다.

저희의 믿음을 보시고

오늘날 예수 그리스도를 믿지 않던 많은 사람이 질병의 문제를 가지고 주님 앞에 나옵니다. 그런데 어떤 사람은 예수 그리스도를 영접하고 얼마 되지 않아 질병을 치료받는 반면, 어떤 사람은 몇 달씩 기도하고 매달려도 차도가 없습니다. 그러면 왜 이러한 차이가 나는 것일까요? 마가복음 2장에 나오는 중풍환자를 통해 그 이유를 살펴보겠습니다.

예수님이 갈릴리에서 병자와 약한 자와 귀신 들린 자를 고치시고 가버나움에 오셨을 때의 일입니다. 예수님이 가시는 곳에는 늘 많은 사람으로 붐볐는데, 그곳 역시 금방 소문이 퍼져 각지에서 사람이 몰려와 인산인해를 이루었지요. 예수님은 그들에게 하나님 말씀을 강론하셨습니다.

그때 네 사람이 한 중풍환자를 들것에 실어 메고 왔습니다. 중풍환자는 혼자서는 조금도 움직일 수 없는 상태였지요. 그는 예수님이 놀라운 치료의 역사를 베푸신다는 소문을 들었을 때에 예수님 만나기를 간절히 사모하였습니다. 마음이 선했기 때문에 소문만 듣고도 만나고 싶다는 소망을 가진 것입니다. 다행히 그의 친구들도 믿음이 있었기 때문에 자신을 예수님께 데려가 달라는 그의 요청을 선뜻 들어주었습니다. 그런데 막상 와서 보니 사람들이 너무 많아 예수님이 계신 집 안으로 들어갈 수가 없었습니다. 발 디딜 틈이 없었지요. 이러한 상황에서도 그들은 포기하지 않았습니다.

그들의 믿음과 소망이 한 가지 기지를 발휘하게 만듭니다. 바로 지붕을 뜯어내는 일이었지요. 당시 이스라엘의 지붕은 외부 계단을 통해 올라갈 수 있는 평평한 형태였습니다. 또한 진흙을 이겨서 나무 들보나 나뭇가지로 엮어서 평평하게 만들어 놓았기에 지붕을 뜯는 것이 어려운 일은 아니었습니다.

남의 집 지붕을 뚫는 것을 본 사람들은 아마도 소리 지르며 당장에 내려오라고 화를 냈을지도 모릅니다. 그러나 그들에게 그것은 아무 문제도 아니었습니다. 예수님을 만나 질병을 치료받은 뒤에 얼마든지 지붕을 고치거나 변상할 수 있기 때문입니다.

지붕에 낸 구멍을 통해 들것에 실려 내려오는 중풍환자를 보신 예수님의 반응은 달랐습니다. 이들의 믿음과 정성, 사랑을 보신 것입니다. 예수님께서 중풍환자에게 "네 죄 사함을 받았느니라 일어나 네 상을 가지고 집으로 가라" 말씀하셨고, 중풍환자는 그토록 갈망하던 치료를 받아 일어나 걸었습니다(막 2:3~12).

오늘날 중한 병에 걸려 하나님 앞에 믿음을 내보여야 할 사람 가운데에는 자신뿐 아니라 가족까지도 '나는 이렇게 아프니 갈 수 없습니다. 우리 가족 누구는 연약하여 움직일 수 없는 상태입니다.' 하며 소극적 자세를 취하는 사람이 많습니다. 이는 곧 믿음이 없다는 말과 같습니다.

정녕 믿는다면 하나님 앞에 믿음을 나타내는 간절함이 있어야 합니다. 들어서 아는 지식적 믿음으로는 하나님의 역사를 받을 수 없습니다. 사람 편에서 믿음을 행함으로 나타내야 산 믿음이 되고 하나님의 응답을 받을 수 있는 믿음의 받침대가 세워지는 것입니다.

예수님께서는 들것에 실려 온 중풍환자에게 "네 죄 사함을 받았느니라" 하시며 죄의 문제를 해결해 주셨습니다. 하나님 앞에 죄의 담이 가로막혀 있으면 응답을 받을 수 없기 때문에 믿음의 받침대를 세운 중풍환자에게 먼저 죄의 문제를 청산해 주신 것입니다.

우리가 진정 하나님을 믿는다면 어떠한 자세로 하나님 앞에 행해야 하는지 성경은 분명히 말씀합니다. '하라, 하지 말라, 지키라, 버리라' 등의 말씀대로 행하여 불의한 사람이 의로운 사람으로, 거짓말하던 사람이 진실한 사람으로 변화되어야 합니다. 그럴 때 주님의 보혈이 우리 죄를 깨끗게 하며, 하나님의 보호와 응답을 받을 수 있는 믿음이 주어집니다.

즉 모든 질병은 죄에서 오므로 죄 문제가 해결되면 하나님의 역사가 나타날 수 있는 여건이 조성되는 것입니다. 플러스(+), 마이너스(−)의 전기가 하나 될 때 불이 켜지고 기기가 작동하듯이 하나님께서는 우리 믿음의 받침대를 보고 죄 사함을 선포함과 동시에 위로부터 오는 영적 믿음을 주어 기적을 체험케 하십니다.

이는 예수님 당시나 사도시대에만 해당하는 이야기가 아닙니다. 오늘날에도 누구든지 예수 그리스도를 영접하여 그의 이름으로 구하면 모든 질병의 문제가 해결됩니다. 어떤 종류의 질병을 가진 사람이라 해도 예수 그리스도를 믿고 죄의 문제가 해결되면 놀라운 하나님의 치료 역사가 나타나는 것입니다.

믿음은 바라는 것들의 실상

간혹 "나는 연약하므로 범죄할 때도 있다. 사람이 온전히 하나님 말씀대로 살기는 힘들다." 말하는 사람도 있습니다. 스스로 "나는

연약하다.” 하면 연약할 수밖에 없고, “죄 버리기가 힘들다.” 하면 신
앙생활하는 것이 힘들 수밖에 없습니다. 잠언 18장 21절에 “죽고 사
는 것이 혀의 권세에 달렸나니 혀를 쓰기 좋아하는 자는 그 열매를 먹
으리라” 하셨기 때문입니다.

어떤 상황에서도 “나는 하나님의 은혜로 강건하다, 충만하다.”
고백할 때에 믿음의 고백대로 하나님 은혜와 능력이 임하고 피곤도
능히 이길 수 있으며 불가능이 가능으로 바뀝니다. 우리가 치료받고
자 기도받을 때에도 “기도받았으니 나을 줄 믿습니다.” 하는 것이 아
니라 “이미 나은 줄로 믿습니다.” 고백할 때 하나님께서 믿음대로 역
사하십니다.

어떤 사람은 “여전히 아픈데 어떻게 나았다고 합니까? 그러면 거
짓말이 아닌가요?”라고 질문하는데 영적 믿음이 무엇인지를 안다면
그러한 오해를 하지 않습니다. 히브리서 11장 1절에 “믿음은 바라는
것들의 실상이요 보지 못하는 것들의 증거니” 하신 말씀처럼 믿음은
이미 이루어진 것을 보고 고백하는 것이 아닙니다. 보이지 않는 것을
믿음으로 바랄 때에 실상으로 나타나는 것입니다.

그렇다고 해서 마음에 믿어지지도 않는데 입술로만 “믿습니다.”
한다고 그대로 이루어진다는 말은 아닙니다. 마음에 진실하게 믿는
믿음을 입술로 고백할 때에 실상으로 나타납니다. 질병의 문제도 마
찬가지입니다. “하나님의 능력으로 질병과 연약함이 나에게서 떠났

다."고 마음에서 믿고 입술로 고백하면 그 믿음대로 역사하십니다.

예수님이 연약함과 질병을 대신 담당하기 위해 채찍에 맞아 피 흘려 주셨기 때문입니다. 그런데 이를 믿지 못하고 믿음으로 고백하지도 못하면 여전히 질병이 떠나지 않습니다. 기도를 받아도 자신의 마음에서는 "나는 아프다. 아직 낫지 않았다."고 믿으니 여전히 아픈 것입니다.

행함으로 온전케 되는 믿음

우리가 마음의 소원을 응답받기 위해서는 하나님 앞에 행함 있는 믿음으로 받침대를 든든히 세워야 합니다. 신앙 안에서 믿음은 크게 두 가지로 분류하여 설명할 수 있습니다. 눈에 보이고 나의 지식이나 생각과 일치되기 때문에 믿는 것은 육적 믿음 또는 지시저 믿음이라 합니다.

이와 반대로 눈에 보이지 않고 사람의 생각이나 지식에 맞지 않아도 믿는 것은 영적 믿음입니다. 육적 믿음은 유에서 유의 창조를 믿는 믿음이지만 영적 믿음은 사람의 생각이나 지식을 동원하면 믿을 수 없는, 곧 무에서 유의 창조를 믿는 믿음입니다. 그래서 사람의 생각이나 지식을 깨뜨려야만 하나님께서 위로부터 믿어지는 영적 믿음을 주십니다.

사람은 자라면서 눈으로 보고 귀로 들은 것, 가정이나 학교에서

배운 것 등 많은 것을 머리에 지식으로 입력합니다. 이처럼 다양한 환경과 조건에서 입력된 지식 중에는 진리도 있지만 그렇지 않은 것도 많이 있으므로 하나님 말씀과 상반되는 것은 마땅히 버려야 합니다. 가령 학교에서는 진화를 배웠는데 하나님 말씀은 모든 생물이 각기 종류대로 창조되었다고 합니다. 이런 경우 당연히 잘못된 지식을 버려야 합니다. 상식적으로 생각해 보아도 수억만 년이 지난다고 어찌 유인원이 사람으로 진화할 수 있겠습니까.

이같이 비진리의 지식을 버림으로 육적 믿음이 영적 믿음으로 변화될 때 의심이 버려지고 믿음의 반석 위에 섭니다. 뿐만 아니라 정녕 하나님을 믿는다면 말씀을 지식으로만 쌓아두지 말고 행함으로 나타내야 합니다. 하나님을 믿는다면 주일을 온전히 지키고 이웃을 사랑하며, 진리의 말씀에 순종해 나가야 합니다. 앞서 소개한 중풍환자가 집 안에만 누워 있었다면 결코 치료받지 못했을 것입니다. 그러나 예수님을 만나기만 하면 치료받을 수 있음을 믿고 그 앞에 나오는 행함이 있었기 때문에 응답받을 수 있었습니다.

집을 지을 때 "주여, 집이 지어질 줄 믿습니다." 하고 백 번 천 번 고백한다 해서 저절로 지어지는 것이 아닙니다. 반드시 터를 닦고 땅을 파며 기둥을 세우는 작업, 곧 행함이 필요합니다. 이처럼 행함으로 믿음의 받침대를 든든히 세울 때 하나님께서 치료의 역사를 베푸십니다. 어떤 사람은 모든 것이 때가 있듯이 치료도 때가 있다고 합니다.

그러나 그 '때'라는 것은 사람 편에서 하나님 앞에 믿음의 받침대를
세우는 때임을 명심해야 하겠습니다.

내가
산을 향하여
눈을 들리라

내가 산을 향하여

눈을 들리라

나의 도움이 어디서 올꼬

나의 도움이

천지를 지으신

여호와에게서로다

(시 121:1~2)

1977년 9월 15일 대한민국 등반대가 세계에서 여덟 번째로 에베레스트 산을 등정하여 전 세계에 한국인의 의지를 각인시켰습니다. 등반 대원들은 한결같이 '이번 등반에서 성공할 수 있었던 것은 하나님 말씀의 힘 때문이었다'고 고백하였습니다.

그들은 산에 오르기 전에 하나님께 예배를 드렸는데 그때 읽은 말씀이 바로 시편 121편 1~2절 "내가 산을 향하여 눈을 들리라 나의 도움이 어디서 올꼬 나의 도움이 천지를 지으신 여호와에게서로다"라는 말씀이었습니다.

그들은 산에 오르면서 많은 어려움과 여러 차례 위험한 고비를 맞았습니다. 그때마다 하나님께서 도와주신다는 믿음으로 어려움을 극복했다고 합니다.

우리가 살아갈 때에도 높고 험한 산을 올라가는 것과 같이 이런저런 난관을 만날 수 있습니다. 이때 하나님을 사랑하여 말씀대로 순종하는 사람은 날마다 새로운 힘을 공급하시는 하나님 도움으로 넉넉히 목표한 바를 이룹니다.

인생에서 사람의 능력으로 어찌할 수 없는 상황 중의 하나를 든다면 불치, 난치병에 걸렸을 때일 것입니다. 성경에는 그러한 문제를 해결할 수 있는 길이 분명히 제시되어 있습니다.

출애굽기 15장 26절에 '하나님 말씀을 청종하고 하나님 보시기에 의를 행하며 하나님의 계명에 귀를 기울이며 모든 규례를 지키면 어떤 질병에도 걸리지 않는다'고 하셨습니다. 혹 질병에 걸렸다면 하나님 말씀에 비추어 잘못한 것이 있는지 돌아보아 회개하고 기도하면 전지전능한 하나님께서 온전케 해 주십니다.

콜롬비아의 하네스 라고스 쿠비요스 성도는 질병의 치유를 통해 살아 계신 하나님의 사랑을 느낄 수 있었습니다. 그녀는 수년 전 쇼그렌 증후군이란 진단을 받았습니다. 그 병은 자가면역 질환으로 관절염과 눈물샘, 침샘 등에 장애를 일으킵니다. 체중은 급속히 빠졌고 거동이 불편했습니다. 모든 분비샘이 말라가고 기관의 면역력도 현저히 떨어졌지요. 차츰 목소리도 낼 수 없어서 재직하던 공립학교를 퇴직해 연금을 받고 지냈습니다.

그녀는 치료해 주시면 남편과 함께 남은 인생을 주님을 위해 살겠다고 기도했습니다. 그러던 2007년 9월, 중남미 최대의 기독방송인 엔라세 방송을 통해 저의 설교를 듣게 되었습니다. 하나님 권능의 역사를 보면서 믿음을 가졌고 환자를 위한 기도를 받고 질병이 치료되었습니다. 그 후 약속대로 복음을 전하며 행복한 삶을 누리고 있습니다.

Chapter 6

약한 자를
고치시는 권능

모든 병과 약한 것을 고치는 권능

약한 자를 치료하는 방법

예수께서 그 열두 제자를 부르사
더러운 귀신을 쫓아내며
모든 병과 모든 약한 것을 고치는
권능을 주시니라

마태복음 10:1

모든 병과 약한 것을 고치는 권능

살아 계신 하나님을 증거하는 방법에는 여러 가지가 있는데 그중 각색 질병을 치료받아 증거하는 경우가 많습니다. 특히 현대 의술로 치료가 불가능한 난치, 불치병을 치료받았을 때에는 누구라도 창조주 하나님의 능력을 인정할 수밖에 없으며 이를 통해 많은 사람이 살아 계신 하나님께 영광 돌리게 됩니다.

마태복음 4장 23절에 "예수께서 온 갈릴리에 두루 다니사 저희 회당에서 가르치시며 천국 복음을 전파하시며 백성 중에 모든 병과 모든 약한 것을 고치시니" 하였고, 마태복음 10장 1절에는 "모든 병과 모든 약한 것을 고치는 권능을 주시니라" 하여 병과 약한 것을 구별하여 말씀합니다.

여기서 약한 것이란 감기, 몸살과 같은 가벼운 병을 말하는 것이 아닙니다. 신체의 어떤 기관이 잘못 되어 그 기능이 마비되거나 퇴화되어 정상적 활동이 불가능한 이상 증세를 의미합니다. 예를 들면 언어

장애, 청각 장애, 시각 장애, 하반신 장애, 소아마비 등 인간의 능력이나 방법으로는 고칠 수 없는 경우입니다. 이는 대부분 선천적인 장애나 후천적인 사고로 초래되지만 이례적으로 하나님의 영광을 나타내기 위한 것도 있습니다(요 9:1~3).

우리가 하나님 말씀을 듣고 마음 문을 열어 죄를 회개하고 예수 그리스도를 구세주로 영접하면 성령을 선물로 받는데 이것을 성령세례라고 합니다. 또한 예수 그리스도를 영접하여 뜨거운 마음으로 하나님께 간구하면 성령의 불이 임하여 죄성과 질병을 태우며 하나님 능력이 임하는데 이것을 불세례라고 합니다.

세례 요한은 "나는 너희로 회개케 하기 위하여 물로 세례를 주거니와 내 뒤에 오시는 이는 나보다 능력이 많으시니 나는 그의 신을 들기도 감당치 못하겠노라 그는 성령과 불로 너희에게 세례를 주실 것이요"(마 3:11) 했습니다. 즉 예수 그리스도께서 오시면 성령과 불로 세례를 주신다는 것입니다. 우리가 성령 충만을 받으면 불세례가 임하여 병균을 태우므로 웬만한 질병은 다 치료받습니다. 그러나 약한 것은 불세례가 임하여도 태움받지 못합니다.

모든 약한 것은 하나님께서 주시는 권능으로만 치료받을 수 있습니다. 그래서 요한복음 9장 32~33절에 "창세 이후로 소경으로 난 자의 눈을 뜨게 하였다 함을 듣지 못하였으니 이 사람이 하나님께로부터 오지 아니하였으면 아무 일도 할 수 없으리이다" 한 것입니다.

사도행전 3장 1~8절에는 하반신 마비로 성전 미문에 앉아 구걸하던 사람을 베드로가 예수 그리스도의 이름으로 일으키는 장면이 나옵니다. "은과 금은 내게 없거니와 내게 있는 것으로 네게 주노니 곧 나사렛 예수 그리스도의 이름으로 걸으라" 하고 베드로가 그의 오른손을 잡아 일으키니 그가 발과 발목에 곧 힘을 얻어 걷기도 하고 뛰기도 하며 하나님을 찬미하였습니다.

이처럼 약한 것을 치료받고자 할 때에는 본인에게 반드시 예수 그리스도를 믿는 믿음이 필요합니다. 나면서부터 걷지 못하던 그 사람은 비록 구걸하는 처지일망정 구원받을 수 있는 믿음이 있었습니다. 그래서 하나님의 권능을 받은 베드로가 손을 잡아 일으키자 일어나 걷고 뛸 수 있었던 것입니다.

약한 자를 치료하는 방법

모세나 엘리야, 엘리사와 같이 하나님의 사랑을 받은 구약 시대의 선지자나 신약 시대의 사도인 베드로, 바울 그리고 스데반, 빌립 집사 같은 사람에게도 하나님이 권능을 주셨으므로 약한 것을 고칠 수 있었습니다. 하나님께 권능을 받으면 능치 못할 일이 없는데 걷지 못하는 사람을 일으키고 뼈만 앙상하게 남은 소아마비 환자도 살이 붙어 걷게 할 수 있습니다. 또 눈먼 사람을 보게 하고 듣지 못하는 사람을 듣게 하며 말 못하는 사람도 말하게 할 수 있는 것입니다.

귀먹고 어눌한 사람을 치료하신 하나님의 권능

어느 날 예수님이 갈릴리 호수에 오셨을 때 사람들이 귀먹고 어눌한 사람을 데리고 예수님께 나아와 안수하여 주시기를 간구하였습니다. '어눌하다'는 것은 말을 유창하게 하지 못하고 더듬더듬한다는 뜻입니다. 예수님께서는 그 사람을 따로 데리고 떠나서 손가락을 그의 양 귀에 넣고 침을 뱉어 그의 혀에 손을 대셨습니다. 그리고 하늘을 우러러 탄식하며 "에바다" 말씀하셨습니다.

에바다라는 말은 열리라는 의미의 아람어로, 예수님이 명하시자 그대로 귀가 열리고 혀의 맺힌 것이 풀려 말이 분명하게 되었습니다(막 7:31~35). 하나님은 "나는 여호와요 모든 육체의 하나님이라 내게 능치 못한 일이 있겠느냐"(렘 32:27) 하셨습니다. 예수님도 근본 하나님의 본체이므로 능치 못할 일이 없으시니 귀먹고 어눌한 사람을 치료하셨지요. 이때 말씀만으로도 능히 치료하실 수 있을 텐데 왜 굳이 양 귀에 손가락을 넣고 혀에 손을 대어 치료하셨을까요?

소리를 듣지 못하는 사람은 예수님이 말씀하시는 것을 알아들을 수 없기 때문에 믿음을 갖기가 어렵습니다. 그래서 예수님께서는 손가락을 귀에 넣어 감촉을 느끼게 함으로 그에게 치료받을 수 있는 믿음을 갖도록 하신 것입니다. 무엇보다도 먼저 마음에 믿어지는 믿음이 있어야만 치료의 역사가 나타날 수 있기 때문이지요.

또한 예수님께서 침을 뱉어 그의 혀에 손을 대신 이유는 영적으로 물세례, 곧 죄 사함을 베푸시기 위해서였습니다. 물로 세례를 받는 것은 하나님 말씀으로 죄를 씻는다는 의미가 있습니다. 하나님의 역사를 체험하기 위해서는 먼저 죄 문제를 해결해야 하는데 예수님은 물 대신 침으로써 죄 사함의 의미를 나타내신 것입니다.

오늘날도 예수 그리스도를 믿되 믿음의 분량이 장성하여 창조주 하나님의 권능을 받으면 성경상에서 볼 수 있는 놀라운 역사가 나타납니다(엡 4:13 ; 히 13:8). 우리 교회에서는 지금까지 하나님의 권능으로 난청이 치료되는 것은 물론, 태어날 때부터 들을 수 없던 사람이 듣게 된 경우가 무수히 있었습니다. 심지어는 50년이 넘도록 들리지 않던 귀가 기도를 통해 열려 듣게 된 사례도 있지요.

2000년 일본 나고야 성회 시에는 열세 명의 청각 장애인이 치료받아 한꺼번에 간증을 했습니다. 이처럼 놀라운 소식이 곳곳에 알려져 2001년 5월 우리 교회에서 열린 2주연속 특별부흥성회 시에는 많은 청각 장애인이 참석하여 치료받았습니다. 당시 33세 된 한 여 성도는 여덟 살 때 사고로 농아가 되었는데 믿음으로 치료받고자 성회 시간마다 사모함으로 기도를 받았지만 아무런 변화가 없었다고 합니다. 그래도 실망하지 않고 다른 분들이 치료받는 것을 보면서 자신도 치료받을 수 있다는 믿음을 가졌지요. 하나님께서는 이것을 믿음으로 보시고 성회가 끝나고 얼마 있지 않아 들을 수 있게 역사하셨습니다.

또 2002년 7월 온두라스 성회에서는 듣지 못하고 말하지 못하는 많은 사람이 치료받았습니다. 그중에서 성회 안전을 책임졌던 분의 딸도 태어날 때부터 들리지 않던 귀를 치료받았지요. 2004년 독일 연합대성회 시 비트릭 메헤르만이라는 여자 분은 평소 왼쪽 귀가 들리지 않아 고통을 받았는데 성회 첫날 기도 시간에 '뺑' 하는 소리가 나면서 듣게 되었습니다. 진찰 결과 비정상적으로 얇았던 고막이 정상이 되었다며 담당 의사도 하나님의 권능을 인정했다고 합니다.

2006년 미국 연합대성회에서도 많은 사람이 난청을 치료받았습니다. 그중에 유니 라디오 음악방송을 진행하는 다비드 곤잘레스는 20년간 헤드폰을 쓰다 보니 점점 청력이 감퇴되었다고 합니다. 특히 왼쪽 귀가 잘 들리지 않아 대화는 물론 방송을 진행하는 데에도 어려움이 있었습니다. 그런데 성회에 참석하여 기도를 받을 때에 머리부터 발끝까지 시원한 기운이 돌더니 귀가 잘 들려 이제는 방송 진행을 훨씬 편하게 할 수 있게 되었습니다.

눈먼 사람을 치료하신 하나님의 권능

마가복음 8장에 보면 예수님이 벳새다에 오셨을 때 사람들이 눈먼 사람을 데리고 나아와 손 대시기를 간구하는 장면이 나옵니다. 예수님께서는 그의 손을 붙드시고 마을 밖으로 데리고 나가서 눈에 침을 뱉으며 안수하시고 묻습니다.

"무엇이 보이느냐?"

"사람들이 보이나이다. 나무 같은 것들의 걸어가는 것을 보나이다."

예수님이 그 눈에 다시 안수하신 후에야 만물을 밝히 보게 되었습니다. 왜 한 번으로 완치되지 못하고 두 차례의 기도를 받은 후에야 밝히 보게 되었을까요? 예수님 능력으로는 단번에 치료할 수 있지만 눈먼 사람의 믿음이 적기 때문에 다시 안수하여 큰 믿음을 갖도록 도와주신 것입니다.

예수님께서는 이 눈먼 사람 외에도 날 때부터 앞을 보지 못하는 한 사람을 치료하셨습니다. 대부분 자신의 죄나 부모의 죄로 질병을 얻는 데 반해, 이 사람은 예외였습니다. 바로 하나님의 영광을 나타내기 위해 태어나면서부터 눈이 먼 경우이지요(요 9:1~3).

그렇다고 하나님께서 자신의 영광을 나타내시기 위해 일부러 그를 소경으로 태어나게 했다고 오해해서는 안 됩니다. 특별한 죄가 없지만 결함을 가진 정자와 난자의 결합으로 잉태되어, 날 때부터 보지 못했던 그는 하나님의 긍휼을 입을 수 있는 선한 중심을 가졌습니다. 그래서 예수님을 만나 치료받음으로 하나님께 영광 돌릴 수 있었던 것입니다. 이를 두고 "이 사람이나 그 부모가 죄를 범한 것이 아니라 그에게서 하나님의 하시는 일을 나타내고자 하심이니라"(요 9:3) 표현한 것이지요.

그를 치료할 때에 예수님은 땅에 침을 뱉어 진흙을 이겨 그의 눈에 바르셨습니다. 그리고 실로암 못에 가서 씻으라 하시니 그가 가서 씻고 온전케 되었습니다. 예수님이 길에서 이 눈먼 사람을 만났을 때 쉽게 물을 구할 수 있는 상황이 아니었습니다. 더욱이 이스라엘은 물이 귀합니다. 그래서 진흙을 이겨 눈에 발라 주기 위해 물 대신 침을 사용하신 것입니다.

　상대에게 믿음을 갖도록 하기 위하여 여러 방법을 사용하시는 예수님 모습에서 깊은 사랑을 느낄 수 있습니다. 예수님이 진흙을 이겨 눈에 발라 주시니 그는 감촉을 느끼고 낫겠다는 믿음을 갖게 되었습니다. 이와 같이 예수님은 그 사람이 믿음을 갖게 한 다음 권능으로 눈을 뜨게 하셨습니다.

　그런데 더러는 '예수님이 진흙을 이겨서 눈에 발랐으니 이것은 어떤 약을 써서 치료하라는 뜻이 아닌가?' 하고 오해할 수도 있습니다. 그렇지 않습니다. 말씀만으로도 죽은 사람을 살리는 예수님께서 진흙을 치료제로 사용하실 리 없습니다. 하나님은 그의 자녀들이 세상을 의지하지 않고 믿음으로 하나님을 의지할 때에 기뻐하며 그 믿음대로 역사하십니다.

　우리 교회에서도 날 때부터 보이지 않던 눈이 기도받고 보이는가 하면 수많은 사람이 잃어버린 시력을 되찾아 안경과 콘택트렌즈를 벗고 간증하였지요. 그 가운데 2002년 7월 온두라스 대성회 시 일어났던 일입니다. 마리아라는 열두 살 된 여자아이는 두 살 때 심하게 열병을 앓은 후 오른쪽 눈의 시력을 상실하였습니다. 각막 이식 수술을 받았으나 실패하여 10년 동안 오른쪽 눈으로는 빛조차 감지하지 못했지요. 성회에 참석하여 저의 기도를 받고 이 아이는 10년 만에 빛을 보기

시작하였고 곧 시력을 회복하였습니다. 이미 죽어 버린 시신경이 하나
님 권능으로 새롭게 창조된 것입니다.

한 여 성도는 2005년 1월 어느 날, 양쪽 시력이 급격히 저하되면서
사물이 울퉁불퉁 보이며 어떤 때에는 그조차도 잘 보이지 않았습니
다. 증세는 시간이 지날수록 심해졌고 구토와 어지럼증까지 나타나
병원을 찾은 그녀는 엄청난 말을 들었습니다.

"하라다 병입니다. 눈 안에 물혹이 커지면 시신경을 덮어 시력을 완
전히 상실할 수도 있습니다."

병원에서는 희귀병으로서 치료해도 시력을 회복하기 어렵다는 것입
니다. 그녀는 자신의 모습을 돌아보며 회개한 후 저의 기도를 받았습
니다. 그 뒤 구토와 어지럼 증세가 없어졌고, 사물이 울퉁불퉁하게 보
이는 현상두 사라졌습니다. 얼마 후 병원에서 정밀 검사를 했는데 물
혹이 없어진 것이 확인되었습니다. 또 한 가지 놀라운 사실은, 기도받
기 전 0.8, 0.25이던 교정시력이 기도받은 후에는 양안 모두 1.2로 좋아
졌다는 것입니다.

앉은뱅이를 일으키신 하나님의 권능

예수님께서 복음을 전하며 각색 병든 자와 약한 자를 치료하신 것
과 같이 초대교회 사도들도 권능을 행했습니다. 베드로가 예수 그리
스도의 이름으로 행하는 기사와 표적을 보고 많은 사람이 주님을 믿

게 되었습니다. 그의 능력이 얼마나 컸던지 심지어는 병든 사람을 메고 거리에 나가 베드로가 지날 때 그의 그림자라도 덮일까 바랄 정도였습니다. 사도 바울은 나면서부터 걸어본 적이 없는 사람에게 "네 발로 바로 일어서라" 하니 그 사람이 뛰고 걸었습니다.

비단 사도들만 권능을 행한 것이 아닙니다. 빌립은 초대교회의 일곱 집사 중 한 사람으로 큰 권능을 행하며 많은 일을 감당했습니다. 사도행전 8장 5절 이하를 보면 "빌립이 사마리아 성에 내려가 그리스도를 백성에게 전파하니 무리가 빌립의 말도 듣고 행하는 표적도 보고 일심으로 그의 말하는 것을 좇더라 많은 사람에게 붙었던 더러운 귀신들이 크게 소리를 지르며 나가고 또 많은 중풍병자와 앉은뱅이가 나으니 그 성에 큰 기쁨이 있더라" 했습니다. 스데반 집사 역시 큰 기사와 표적을 민간에 행하였지요(행 6:8).

2006년 뉴욕 연합대성회에 참석한 구엘레모 파비오스라는 소년이 있었습니다. 그는 생후 이틀 만에 소아마비가 되어 혼자서는 걷지 못하고 일어설 수도 없었습니다. 네 차례의 수술을 받았으나 보행 보조 기구 없이는 걸을 수도 없었지요. 시력도 나빠 어려서부터 안경을 착용해야 했습니다. 그러던 중 뉴욕 연합대성회 소식을 듣고 믿음으로 참석하였는데 저의 기도를 받을 때 뜨거운 기운이 느껴지면서 누군가 다리를 직접 만지는 느낌을 받았습니다. 그 후 혼자 일어나 걸었을 뿐만 아니라 시력도 좋아져 안경을 벗었습니다.

이처럼 하나님의 권능은 의학으로 고칠 수 없는 약한 것이라 해도 온전히 치료할 수 있습니다. 우리가 악은 모양이라도 버리고 성결한 하나님의 참 자녀가 되면 하나님께서 사랑의 선물로 권능을 주십니다(시 62:11). 사도 베드로나 바울, 빌립이나 스데반 집사는 성결되고 온전한 사랑이 임한 사람이기에 하나님 권능이 나타난 것입니다. 오늘날도 주님 마음을 닮아 성결된 사람에게는 권능을 주셔서 질병을 치료하고 약한 사람을 고치게 하십니다. 이를 통해 많은 영혼을 구원하며 하나님께 영광 돌리기 위함입니다.

무엇이든
할 수 있는 세계

❧

예수께서 이르시되

할 수 있거든이 무슨 말이
냐
믿는 자에게는
능치 못할 일이 없느니라
하시니
(막 9:23)

오늘날에는 의학, 과학 등이 고도로 발달하여 사람의 능력으로 못할 일이 없다는 자만에 빠지기 쉽습니다. 그러나 세계 도처에는 사람의 지식으로 알 수 없는 불가사의한 일이 많습니다. 현대 의술로도 고칠 수 없는 질병이 존재하며 끊임없는 신종 질병의 출현으로 의학계는 긴장을 늦출 수 없습니다. 또 몇 분 후에 닥칠 재앙도 예측하지 못하여 속수무책으로 불행과 직면합니다.

그러나 믿음 안에서는 불가능이 없습니다(막 9:23). 믿음은 '마음에 품고 바라는 것이 실상이 되며 현실에 보이지 않던 것이 이루어져 증거로 나타나는 것'이기 때문입니다(히 11:1). 성경에는 이를 입증하는 분명한 사례가 많이 나옵니다. 믿음으로 문둥병을 치료받은 일과(왕하 5:14), 날 때부터 볼 수 없었던 사람이 눈을 떠 보게 된 사건 등입니다(요 9:7). 이러한 일은 오늘날에도 믿음을 소유한 사람에게 똑같이 나타납니다(히 13:8).

우리 교회의 경우만 보아도 사람의 한계를 초월한 믿음의 역사가 많이 일어납니다.

평생 불구로 살아갈 수밖에 없는 상황, 죽을 수밖에 없는 질병에서 믿음으로 치료받고 살아 계신 하나님의 권능을 체험합니다.

한 형제의 간증을 소개합니다. 어느 주일 아침에 있었던 일입니다. 이 청년은 길을 걷다가 47인승 대형 버스에 치이는 사고를 당하였습니다. 순식간에 왼쪽 다리가 바퀴 밑으로 빨려 들어갔습니다. 12톤이 넘는 차체에 눌려 골반 밑 왼쪽 다리뼈가 으스러지는 것 같은 고통을 받았습니다. 버스 기사는 우회전을 하는 중에 사각 지대에 있던 형제를 미처 발견하지 못한 것입니다.

사고 충격으로 정신이 혼미한 상황에서도 그는 교회에서 수없이 보았던 하나님 권능의 역사가 떠올랐습니다. 그래서 병원으로 가지 않고 저를 찾아왔습니다. 사람들의 도움을 받아 들것에 실려 오던 중에 하나님이 기뻐하지 않는 일을 행한 것이 떠올라 회개했다고 합니다. 이후 제게 기도를 받은 형제는 시원한 기운이 왼쪽 다리를 통과하고 이내 통증이 사라짐을 느꼈습니다. 무릎 옆으로 튀어나온 뼈도 정상이 되었습니다. 곧 병원으로 가서 엑스레이를 찍어 보았더니, 아무 이상이 없다는 결과가 나왔습니다. 선명한 바퀴 자국과 찢긴 바지만이 당시의 긴박한 상황을 느끼게 해 주었습니다.

오늘날에도 복음을 듣고 이를 마음에 받아들여 하나님 말씀에 순종하는 사람은 무한하고 불가능이 없는 믿음의 세계를 체험할 수 있습니다.

Chapter 7

귀신 들린 자의
치료 방법

귀신에게 사로잡히는 과정

귀신 들리는 원인

귀신 들린 자의 치료 방법

집에 들어가시매
제자들이 종용히 묻자오되
우리는 어찌하여 능히
그 귀신을 쫓아내지 못하였나이까
이르시되
기도 외에 다른 것으로는
이런 유가 나갈 수 없느니라 하시니라

마가복음 9:28~29

귀신에게 사로잡히는 과정

오늘날에는 노이로제나 우울증, 정신분열증과 같은 정신 질환이 급증하여 심각한 사회 문제로 대두되고 있습니다. 더욱이 귀신의 역사로 고통받는 사람이 많은데, 이는 원수 마귀 사단이 사람의 정신을 병들게 하고 혼돈케 하며 죄로 물들게 하기 때문입니다. 과학 문명이 발달한 오늘날 왜 많은 사람이 정신 질환을 앓으며 사단의 역사를 받고 귀신에게 시달리는 것일까요?

사람에게는 양심이라는 것이 있어 대부분 그 양심이라는 가치 판단 기준을 좇아 행합니다. 그런데 사람마다 부모로부터 받은 성품이 다르며 자라면서도 다양한 환경에서 보고 듣고 배우며 자신을 만들어가기 때문에 양심이 각각 다르게 형성됩니다. 만일 사랑, 용서, 화평 등 진리인 하나님 말씀으로만 배웠다면 진리의 양심이 만들어지겠지만, 그렇지 못한 경우가 대부분이기 때문에 대다수 사람의 마음에는 비진리의 양심이 만들어집니다.

이와 같이 사람의 마음 안에 있는 비진리를 이용하여 사단은 각 사람에게 악한 것을 불어넣고 마음에 있는 육체의 소욕을 좇아 살도록 유혹합니다. 하나님은 "너희는 성령을 좇아 행하라 그리하면 육체의 욕심을 이루지 아니하리라 육체의 소욕은 성령을 거스리고 성령의 소욕은 육체를 거스리나니 이 둘이 서로 대적함으로 너희의 원하는 것을 하지 못하게 하려 함이니라"(갈 5:16~17) 말씀합니다. 성령의 소욕을 좇아 하나님의 법대로 살면 하나님 나라를 유업으로 받지만 육체의 소욕을 좇아 말씀대로 살지 않으면 하나님 나라를 유업으로 받을 수 없지요.

이처럼 우리 마음속에 있는 비진리를 이용하여 육체의 소욕을 좇게 하는 것이 어둠의 세력, 곧 악한 영들입니다. 어둠의 세계에도 위계가 있습니다. 가장 우두머리인 루시퍼가 어둠의 왕 같은 위치라면 그 밑에 군대의 총사령관 격인 용들이 있습니다. 용은 그의 사자들과 사단, 마귀를 조종하고 그들이 다시 귀신을 조종합니다(『영혼육』 책자 참조).

사람들은 어둠의 세력의 존재나 위계를 알지 못하기 때문에 흔히 어둠의 존재라 하면 귀신을 생각하지만 사실 귀신은 가장 마지막 단계입니다. 사람이 죄를 짓고 어둠에 물들어가는 과정을 살펴보면 먼저 사단이 역사하고 다음에는 마귀가, 마지막으로 귀신이 역사하는 것입니다.

사단은 마치 공중에 수없이 퍼져 있는 전파와 같습니다. 곧 사단은 어둠의 마음과 능력을 계속적으로 공중에 퍼뜨립니다. 이때 전파가 수신 안테나를 만나면 접속되듯이 사단이 퍼뜨려 놓은 어둠의 마음과 생각을 받아들일 준비가 된 사람에게 역사합니다. 이때 수신 안테나 역할을 하는 것이 바로 사람의 마음 안에 있는 비진리입니다.

예를 들어, 마음에 미움이라는 비진리의 속성이 있는 사람에게 사단은 '밉다, 싫다'라는 생각을 불어넣습니다. 그가 이를 받아들이면 '때려 주고 싶다' 등 죄를 짓고자 하는 마음으로 발전합니다. 이렇게 사단은 사람의 생각을 통해 마음을 움직여서 마귀가 활동할 수 있는 길을 열어 놓는 역할을 합니다.

그 다음에는 마귀가 역사하여 갖가지 하나님께서 싫어하시는 일을 행하도록 만들어 갑니다. 곧 살인, 방화, 간음 등 구체적인 행동이 나오도록 조종하는 것입니다. 그러다가 악한 행동이 정도를 넘어서면 귀신이 들어갈 수 있습니다. 만일 귀신이 들어갔다면 그때부터 그 사람은 자신의 의지와 상관없이 귀신의 꼭두각시 노릇을 합니다.

귀신 들리는 원인

귀신은 악한 영에 속하지만 처음부터 그렇게 지음 받은 것은 아닙니다. 우리와 같은 사람으로서 이 땅에 태어나 경작받다가 구원받지 못하고 죽은 영혼 중 일부가 특별한 조건 하에서 세상에 나오게 된 존재입니다. 그러면 어떤 영혼들이 귀신이 되는 것일까요?

첫째는, 자기 영혼을 사단에게 팔아 버린 경우입니다. 즉 사술에 접하고 악한 영의 힘을 빌어 심하게 악을 행한 사람이 죽으면 귀신이 될 수 있습니다. 둘째는, 자살한 경우입니다. 하나님의 주권을 멸시하고 소중한 생명을 스스로 끊어 버린 경우이지요. 셋째는, 하나님을 분명히 체험하고 믿음의 길을 가다가 타락하여 결국에는 하나님을 부인하고 신앙을 팔아 버린 경우입니다(히 6:4~6). 넷째는, 하나님을 믿고 진리를 배워서 아는 사람이 성령을 훼방, 거역하거나 모독한 경우입니다(마 12:32 ; 눅 12:10).

그들 중 일부가 귀신으로서 세상에 나와 활동하는 것입니다. 일단 귀신으로 세상에 나오면 전적으로 원수 마귀 사단의 뜻에 따라 조종을 받습니다. 그리고 영계의 법칙에 따라 허락된 사람들의 영혼을 사로잡아 지옥으로 이끌어 가며 때로는 그들에게 질병이나 장애를 가져다주기도 합니다. 일반적으로 사람들에게 귀신이 들리는 원인은 크게 두 가지로 나눌 수 있습니다.

부모에게 원인이 있는 경우

부모가 하나님을 떠나 하나님이 싫어하시고 가증하게 여기는 우상을 섬겼다든지, 심히 악을 행했을 때에 자녀에게 귀신의 세력이 틈탈 수 있고 이를 방치하면 귀신에게 사로잡힙니다. 그런 경우에는 부모가 하나님 앞에 나와 철저히 회개하고 자녀를 대신하여 사랑으로 간구해야 합니다. 그래야만 하나님께서 그 중심을 보고 흉악의 결박에서 풀어 주십니다.

간혹 신앙생활을 열심히 하려고 노력하는 성도 중에 자신도 모르는 사이에 우상과 연결된 고리가 남아 있어 어려움을 겪거나 원수 마귀 사단의 방해를 받는 경우가 있습니다. 예를 들어, 부모나 조상 중에 절이나 우상과 관련된 물건에 자손의 이름을 새겨 넣은 경우가 있지요. 이런 경우 사단에게 빌미를 내어주지 않도록 새긴 이름을 빼거나 지우는 것이 좋습니다.

자신에게 원인이 있는 경우

부모의 죄와 상관없이 자신의 악이나 교만으로 심하게 비진리를 행할 때에 귀신에게 사로잡힙니다. 이런 경우에는 스스로 회개할 수 없으므로 권능을 행하는 하나님의 종에게 기도를 받아야 흉악의 결박이 풀어질 수 있습니다. 이 경우 귀신이 물러가고 올바른 정신이 돌아왔을 때에 하나님 말씀을 심어줌으로써 죄악으로 물든 마음을 버리고 진리의 마음이 되도록 도와주어야 합니다.

만일 가족이나 일가친척 중에 귀신 들린 사람이 있다면 반드시 그를 대신하여 하나님께 간구할 사람이 있어야 합니다. 귀신 들린 사람은 생각과 마음이 어둠의 세력에게 지배당하고 있어서 자기 의지대로 행하지 못하기 때문입니다. 스스로 기도할 수 없고 진리의 말씀을 들어도 깨우칠 수 없으니 마음을 돌이킬 수 없지요.

따라서 가족 구성원 전체, 아니면 가족 중 한 사람이라도 그를

위해 사랑과 긍휼을 가지고 기도하며 믿음 가운데 살도록 도와주어
야 합니다. 무엇보다 먼저 가족이 사랑으로 하나 되어 귀신에게 사
로잡힌 원인을 찾아 회개하고 그를 위해 기도하고 헌신하면서 믿음
을 심어 주어야 하는 것입니다. 그럴 때에 하나님께서 가족의 사랑을
보고 치료의 역사를 나타내십니다. 그리고 그가 진리의 사람으로 변
화되는 만큼 하나님이 지켜 주시니 다시 귀신이 틈탈 수 없습니다.

귀신 들린 자의 치료 방법

성경에는 귀신 들린 사람이 치료된 장면이 곳곳에 기록되어 있는
데 어떻게 치료되었을까요? 마가복음 5장을 보면 귀신 들려 무덤 사
이에서 사는 사람이 나옵니다.

예수 그리스도의 이름으로 물리쳐야 합니다.

그는 힘이 얼마나 센지 쇠사슬로 매어도 그것을 끊고 고랑을 채
워도 깨뜨리므로 아무도 제어하지 못했습니다. 흉악한 귀신이 들린
그는 밤낮 무덤 사이에서나 산에서나 소리를 지르며 돌로 제 몸을
상하게 하였습니다. 상황이 이 정도이니 사람들은 몹시 두려워하며
감히 다가가지도 못했지요.

어느 날 멀리서 예수님을 본 그가 달려왔습니다. 그리고 절하며
큰 소리로 "지극히 높으신 하나님의 아들 예수여 나와 당신과 무슨

상관이 있나이까 원컨대 하나님 앞에 맹세하고 나를 괴롭게 마옵소서" 하였습니다. 예수님께서 이미 "더러운 귀신아 그 사람에게서 나오라"(막 5:8) 명하셨기 때문입니다.

사람들은 예수님이 어떠한 분인지 몰라보았지만 귀신은 예수님이 하나님의 아들로서 어떠한 권세가 있는 줄 알았다는 증거입니다. 이때 예수님은 네 이름이 무엇이냐 물으셨고 귀신은 자기 이름이 '군대'라고 대답합니다. 군대라는 것은 그만큼 많은 귀신이 그 사람을 사로잡고 있다는 뜻이지요. 이미 군대 귀신은 자신들이 그 사람에게서 쫓겨날 것을 알고 마침 그곳에 있던 돼지 떼로 들어가게 해 달라고 사정합니다.

예수님이 허락하시니 귀신들이 나와서 돼지에게로 들어갔고 돼지 떼는 무서운 기세로 비탈을 내리닫더니 바다에서 몰사하였습니다. 바다에서 몰사하였다는 것은, 귀신을 물리칠 때에 물이 의미하는 진리 말씀으로 물리쳐야 함을 알려 줍니다. 사람의 힘으로 도저히 제어할 수 없던 그가 귀신이 나간 뒤 아주 딴사람이 되었습니다. 이것을 본 많은 사람이 예수님의 권능과 위엄을 두려워하며 기이히 여겼습니다. 그러면 오늘날에는 어떻게 귀신의 세력을 물리쳐야 할까요?

진리 말씀을 의미하는 물이나 성령을 의미하는 불로 들어가 귀신이 능력을 상실하도록 예수 그리스도의 이름으로 물리쳐야 합니다. 개척 당시부터 우리 교회에서는 성령의 역사가 강하게 나타났습니다.

눈먼 사람이 눈을 뜨고, 말 못하는 사람이 말을 하며, 소아마비 환자가 걸으니 금세 소문이 퍼져 전국에서 환자가 몰려왔습니다. 그중에는 귀신 들린 사람들도 많았지요. 간혹 제가 귀신 들린 사람에게 기도해 주려고 하면 귀신이 물이나 불로 보내지 말아 달라고 사정을 했습니다.

귀신은 영적 존재이기 때문에 쫓겨날 것을 이미 알고 사정하는 것이지요. 물론 사정한다고 해서 그 말을 들어 줄 수는 없습니다. 영적으로 물은 생명이며, 영생수로서 바로 빛이신 '하나님 말씀'을, 불은 '성령의 불'을 의미하기 때문에 귀신은 자기의 능력이 상실되는 것이 두려워 그렇게 사정한 것입니다. 우리가 이러한 영적인 것을 바로 알아야 능력을 행할 수 있습니다.

또한 귀신은 영물이므로 그 세력을 물리칠 수 있는 능력을 소유한 사람이 기도할 때에는 물러가지만 믿음이 없는 사람인 경우에는 도리어 얕보고 희롱하기도 합니다. 사도행전 19장에 어떤 유대인들이 악한 귀신 들린 사람에게 예수의 이름을 빙자하여 물리칠 때 어떤 일이 생겼습니까? 도리어 악귀가 들린 사람이 "예수도 내가 알고 바울도 내가 알거니와 너희는 누구냐"고 조롱하며 그들에게 뛰어올라 해하려고 합니다. 따라서 귀신 들린 사람은 권능자에게 기도를 받아야 합니다.

하지만 권능자가 예수 그리스도의 이름으로 물리쳐도 나가지 않는 경우가 있습니다. 바로 귀신 들린 사람이 성령 훼방, 모독, 거역한 죄를 지어 용서를 받을 수 없는 경우입니다(마 12:31 ; 눅 12:10). 또한 진리를 알면서도 짐짓 죄를 범한 사람이나 하나님의 선한 말씀과 내세의 능력을 맛보았으나 타락하여 다시 예수를 십자가에 못 박아 현저히 욕을 보인 사람입니다.

이런 경우 귀신 들리면 치료할 수 없습니다(히 6:4~6, 10:26). 우리는 이 같은 사실을 알아 혹시라도 용서받을 수 없는 죄를 짓지 않도록 스스로 경계해야 하며, 귀신 들린 사람을 대할 때에도 근본적인 원인이 무엇인지 진리로 분별하여 기도받게 해야 합니다.

진리로 무장해야 합니다.

하나님의 은혜로 귀신의 세력이 떠났다면 이때부터가 더욱 중요합니다. 열심히 하나님 말씀을 듣고 읽으며 찬송하고 기도하여 마음을 생명과 진리의 말씀으로 채워야 합니다. 귀신의 세력이 물러갔어도 진리로 무장하지 않고 여전히 죄 가운데 살면 물러갔던 귀신이 다시 들어옵니다. 그때에는 자기보다 더 악한 귀신을 데리고 들어오므로 이전보다 더욱 심한 상태가 됩니다.

"더러운 귀신이 사람에게서 나갔을 때에 물(진리 말씀) 없는 곳으로 다니며 쉬기를 구하되 얻지 못하고 이에 가로되 내가 나온 내 집으로 돌아가리라 하고 와 보니 그 집이 비고 소제되고 수리되었거늘 이에 가서 저보다 더 악한 귀신 일곱을 데리고 들어가서 거하니 그

사람의 나중 형편이 전보다 더욱 심하게 되느니라"(마 12:43~45)

그러므로 귀신을 물리치기 위해 사랑으로 돌본 것 이상으로 그 세력이 떠난 뒤에도 많은 보살핌이 필요합니다. 헌신과 희생, 사랑으로 돌보며 진리로 무장하도록 이끌어 완전히 치료받을 때까지 보살펴야 하는 것입니다.

가족이 믿음을 내보여야 합니다.

마가복음 9장에는 어릴 적부터 말을 못하고 귀가 들리지 않아 의사소통을 하지 못하는 데다가 언제 어디서 간질로 발작을 일으킬지 알 수 없는 아들을 둔 아버지가 나옵니다. 아들로 인해 아버지는 항상 불안과 고통 속에 살아야 했지요.

그런데 갈릴리 사람 예수가 죽은 사람을 살리고 여러 병든 사람을 치료하며 눈먼 사람의 눈을 뜨게 하는 등 갖가지 기적을 베푼다는 소문을 들었습니다. 아버지는 아들의 병을 고쳐 줄 수도 있다는 한 줄기 소망 가운데 예수님께 아들을 데리고 나갑니다. 그리고 간청합니다. "무엇을 하실 수 있거든 우리를 불쌍히 여기사 도와주옵소서"

그는 소문을 들어 예수님에 대해 알고는 있었지만 마음으로 온전히 믿지는 못했지요. 만일 예수님은 하나님의 아들로서 무엇이든 할 수 있는 전능하신 분이며 진리 자체이심을 믿었다면 '무엇을 하실 수 있거든'이라는 조건을 달지 않았을 것입니다. 이러한 그에게 예수님은 "할 수 있거든이 무슨 말이냐 믿는 자에게는 능치 못할 일이 없느니라" 하며 온전히 믿지 못한 것을 책망하셨습니다. 믿음 없이는 하나님을 기쁘시게 할 수 없고 응답받을 수도 없음을 깨우쳐 주신 것이지요.

사람의 방법으로 치료할 수 있는 사소한 질병의 경우에는 조금만 믿음을 내보여도 성령의 불로 순간에 태우고 치료해 주십니다. 그러나 유전적인 결함으로 생긴 병이나 신경이 죽고 기능이 퇴화해 버린 경우, 그리고 의학적으로 치료할 수 없는 중한 병은 하나님께 정성과 기쁘시게 해드리는 믿음을 내보여야 치료의 역사가 나타납니다. 귀신 들린 사람의 경우에는 본인이 믿음을 내보일 수 있는 형편이 아니므로 가족이 전능하신 하나님을 믿고 그 앞에 나와 구해야 치료의 역사가 일어납니다.

마음에 믿어지는 믿음이 있어야 합니다.

귀신 들린 아들 때문에 심한 고통을 받으며 살아온 아비는 예수님으로부터 "믿는 자에게는 능치 못할 일이 없느니라"는 확신의 말씀을 들었을 때 곧 긍정하는 입술이 되어 "내가 믿나이다."라고 고백하였습니다. 그러나 그것은 머리로 아는 지식적 믿음일 뿐 마음으로 믿는 영적 믿음이 아니었습니다. 그래서 영적 믿음을 갈망하며 "나의 믿음 없는 것을 도와주소서"(막 9:24) 하고 부르짖었습니다. 당시 그 아비의 심정이 얼마나 절박했겠습니까.

이를 들으신 예수님은 아비의 진실된 성품과 정성, 간절한 기도와 믿음을 아셨기 때문에 그에게 믿어지는 영적 믿음을 주셨습니다. 이렇듯 부르짖는 기도를 통하여 영적 믿음이 오고 이로써 응답받을 수 있는 자격을 갖추면 불가능이 가능케 됩니다. 그 믿음을 보고 예수님께서 귀신을 꾸짖어 아이에게서 나가라 명하시자 귀신이 소리 지르며 나갔습니다(막 9:25~26).

믿음이 없다는 책망을 들으면서도 낙심하지 않고 끝까지 하나님의 도우심을 바라자 예수님이 놀라운 치료의 역사를 베푸신 것입니다. 하물며 능치 못할 일이 없으신 하나님의 능력을 믿고 말씀대로 행하는 사람에게 범사에 형통케 하고 강건한 삶을 살게 하지 않겠습니까.

제가 교회를 개척한 후 얼마 되지 않아 강원도에서 간질 귀신에 사로잡힌 청년 하나가 소문을 듣고 찾아왔습니다. 그는 교회에서 나름대로 충성 봉사했지만 악을 버리지 않고 죄를 쌓아가 귀신이 들려 고통받고 있었습니다. 그 아버지의 불같은 기도와 간절한 정성이 있었기 때문에 치료의 역사가 나타났습니다. 제가 귀신의 정체를 밝혀낸 뒤 기도하여 귀신을 내쫓자 청년은 입에 거품을 물고 뒤로 넘어졌습니다. 그 후 건강한 몸으로 다른 교회에서 충성하는 일꾼이 되었지요.

이같이 하나님의 역사는 무한하며 능치 못할 일이 없음을 깨달아

무엇이든지 믿음으로 구하여 응답받으며 항상 하나님 말씀대로 행하여 범사에 형통함을 입는 복된 성도가 되시기 바랍니다.

아름다운 만남

너희는 유혹의 욕심을 따라
썩어져 가는 구습을 좇는
옛 사람을 벗어 버리고
오직 심령으로 새롭게 되어
하나님을 따라 의와
진리의 거룩함으로
지으심을 받은
새 사람을 입으라

(엡 4:22~24)

우리는 일생 동안 수많은 사람을 만납니다. 부모, 형제, 스승, 친구 등 여러 사람과 더불어 서로 영향을 주고받으며 살아갑니다. 그런데 어떤 부류의 사람을 만나느냐에 따라 인생의 향방이 달라집니다. 여행을 좋아하는 친구와 사귀면 여행을 자주 다니고, 공부하기 좋아하는 친구와 어울리다 보면 공부에 열중합니다. 남의 허물 말하기를 즐겨하는 사람과 함께하면 비판적인 사람이 되고, 온유하고 선한 사람과 어울리면 온유한 성품을 지닙니다.

성경에는 참으로 아름다운 만남이 기록되어 있습니다. 사도 바울과 오네시모의 만남입니다. 오네시모는 본래 빌레몬의 노예였습니다. 그는 주인에게 잘못을 저지르고 도망쳤으나 결국 붙잡혀 감옥에 갇히고 말았습니다. 당시 사회적 분위기로는 도망친 노예는 사형당하거나 심한 형벌을 받아야 했습니다. 마침 그곳에는 복음을 전하다가 투옥된 사도 바울이 있었습니다. 오네시모는 바울에게서 복음을 듣고 새사람으로 변화합니다. 바울은 빌레몬에게 편지를 보내 오네시모를 자신의 곁에 머물도록 승낙해 주기를 구하였습니다. 빌레몬은 주님을 믿는 사람이므로 오네시모로 하여금 바울을 돕도록 하지요. 오네시모는 뒷날 교회 감독자가 될 정도로 훌륭한 인격을 갖춘 신앙인으로 성장했습니다. 그는 사도 바울을 만남으로써 예수님을 만나 가치 있는 인생이 되었습니다.

우리 교회에도 하나님과의 아름다운 만남으로 인생의 전환점을 맞은 집사가 있습니다. 그는 사업 실패로 인한 충격으로 공황장애를 앓았고 설상가상으로 성인오락에 중독되어 정신과 치료를 받기도 했지만 도무지 도박의 늪에서 빠져나오지 못했습니다. 그러다가 이웃의 전도로 교회에 나와 하나님을 만났고, 지난날을 회개하며 말씀대로 살기 위해 힘썼습니다. 하루는 오락실에 가고 싶은 유혹이 찾아왔지만 결국 유혹을 이기고 가지 않았습니다. 그런데 그날 자신이 단골처럼 드나들던 오락실에 대형 화재가 발생해 손님 4명이 사망하고 5명이 부상을 입었습니다. 만일 그날 유혹을 이기지 못했다면 자신도 그 참변 속에 있었을 것입니다. 그는 텔레비전 뉴스를 접하고 이것이 우연이 아니라, 하나님께서 지켜주셨다는 확신이 들어 마음 깊이 감사하였습니다. 하나님을 만남으로써 13년 된 공황장애, 성인오락 중독 등이 치료되어 행복한 가정을 이루어 복된 인생을 살게 된 것입니다.

Chapter 8

나아만의 믿음과 순종

엘리사를 통해 치료받은 나아만 장군

나아만의 믿음과 순종

나아만이 이에
말들과 병거들을 거느리고
이르러 엘리사의 집 문에 서니 엘리사가
사자를 저에게 보내어 가로되
너는 가서 요단강에 몸을 일곱 번 씻으라
네 살이 여전하여 깨끗하리라
…
나아만이 이에 내려가서 하나님의
사람의 말씀대로 요단강에
일곱 번 몸을 잠그니
그 살이 여전하여 어린아이의 살 같아서
깨끗하게 되었더라

열왕기하 5:9~14

엘리사를 통해 치료받은 나아만 장군

세상을 살아가다 보면 여러 크고 작은 문제에 부딪히고 때로는 사람의 방법으로는 도저히 해결할 수 없을 것 같은 문제를 만나기도 합니다. 이렇게 어려운 일에 부딪힐 때 많은 사람이 인간적인 방법을 동원하여 해결하려고 하지만, 하나님의 전지전능하심을 믿는 사람은 모든 문제를 하나님께 맡깁니다. 하나님은 그 믿음을 부시고 하나님의 방법으로 신속하고 완전하게 해결해 주실 수 있습니다.

주전 850년경, 이스라엘 북쪽 아람이라는 나라에는 왕의 신임이 두터운 군대 장관이 있었습니다. 그는 나라가 위기에 처했을 때 전쟁을 승리로 이끌었으며 나라를 사랑하고 왕에게 충성하는 큰 용사였습니다. 이러한 나아만 장군에게도 남모르는 고민이 있었습니다. 그 당시 의학으로는 도저히 치료할 수 없는 한센병(문둥병)에 걸린 것입니다. 왕의 총애를 받으며 부도 명예도 다 가진 그였지만 조금도 행복을 느낄 수 없었습니다.

한센병은 신체 여러 부위 특히 얼굴, 팔다리 외측, 손등과 발등의 피부에 반점이 생기고 감각이 쇠퇴할 뿐 아니라 심하면 눈썹이나 발가락, 손가락이 떨어져 나가며 몸에 변형을 일으키는 무서운 병입니다. 삶의 기쁨을 맛보지 못하고 하루하루 살아가던 나아만 장군에게 어느 날 희소식이 들렸습니다. 사마리아에 있는 엘리사라는 선지자에게 가면 병을 고칠 수 있다는 것입니다.

나아만은 병을 고칠 수 있다면 못할 것이 없었습니다. 그래서 왕에게 이 사실을 고하고 엘리사를 찾아가고자 합니다. 아람 왕은 총애하는 신하를 위해 이스라엘 왕에게 보내는 친서까지 써 줍니다. 그는 지체하지 않고 은 십 달란트와 금 육천 개와 의복 열 벌을 가지고 이스라엘로 떠납니다. 그리고 "내가 내 신하 나아만을 당신에게 보내오니 이 글이 당신에게 이르거든 당신은 그 문둥병을 고쳐 주소서"라는 아람 왕의 편지를 이스라엘 왕에게 전합니다.

그 당시 이스라엘은 아람보다 약소국이었으므로 그 글을 읽은 왕은 근심에 휩싸였습니다. "내가 어찌 하나님이관대 능히 사람을 죽이며 살릴 수 있으랴 저가 어찌하여 사람을 내게 보내어 그 문둥병을 고치라 하느냐 너희는 깊이 생각하고 저 왕이 틈을 타서 나로 더불어 시비하려 함인 줄 알라" 말한 대로 아람에서 전쟁을 하려고 시비를 건다 생각한 것이지요.

하나님의 사람 엘리사는 이 소식을 전해 듣고 나아만 장군을 자기에게 보내도록 부탁합니다. 그리고 그가 자신의 집에 다다랐을 때, 사환을 통해 "너는 가서 요단강에 몸을 일곱 번 씻으라 네 살이 여전하여 깨끗하리라"고 지시합니다. 나아만 장군은 도무지 이해할 수 없는 그 말을 전해 듣고 노를 발하며 엘리사 집을 떠납니다. 그러나 종들의 권유를 듣고 돌이켜 엘리사의 말대로 요단강에 가서 몸을 일곱 번 잠그고 씻었는데 이게 웬일입니까? 그 살갗이 마치 어린아이 살같이 깨끗해지고 오랫동안 자신을 괴롭히던 병이 깨끗이 치료된 것입니다.

나아만의 믿음과 순종

엘리사는 스승이었던 엘리야를 붙좇아 갑절의 영감을 받고 하나님의 큰 권능을 나타낸 선지자입니다. 요시아 왕 때에 기도로 나라를 구하고 잉태하지 못하던 여인에게 잉태의 축복을 주며 죽은 아이를 살리기까지 했지요. 이러한 권능의 종 엘리사의 말에 순종함으로 나아만은 의학적으로 회복이 불가능한 질병을 치료받아 하나님께 영광 돌렸습니다. 그러면 나아만 장군이 하나님의 응답을 받은 이유는 구체적으로 무엇일까요?

첫째로, 나아만은 선한 마음을 가졌습니다.
상대방의 말을 무시하지 않고 잘 받아들이며 믿어주는 사람이 있는가 하면, 무조건 의심하고 믿으려 하지 않는 사람도 있습니다. 나아만 장군은 선한 마음을 가졌기에 한낱 여종의 말이라도 무시하지 않고 순수하게 받아들였습니다. 이스라엘에서 포로로 잡혀 온 여자아이가 "우리 주인이 사마리아에 계신 선지자 앞에 계셨으면 좋겠나이다 저가 그 문둥병을 고치리이다" 했던 말을 그대로 믿고 받아들인 것입니다. 그가 치료받을 수 있었던 까닭은 이처럼 자기 아내의 시중을 드는 작은 아이의 말이라도 하찮게 여기지 않았기 때문입니다.

둘째로, 나아만은 자신의 생각을 깨뜨렸습니다.

아람 왕의 도움으로 이스라엘에 간 나아만 장군은 선지자 엘리사의 집에 도착했을 때 실로 어이없는 상황에 맞닥뜨립니다. 정성껏 예물을 준비하여 찾아왔는데, 정작 엘리사는 얼굴도 보이지 않고 사환을 통해 이해할 수 없는 말만 전해왔습니다. 환처 위에 손을 얹어 정성껏 기도해 주기는커녕 요단강이라는 보잘것없는 강물에 일곱 번 몸을 씻으면 살이 깨끗해진다고 하니 자신을 놀리는 것 같아 화가 났습니다.

자기 나라에 요단강보다 크고 맑은 강이 얼마든지 있으니 거기서 몸을 씻는 것이 더 낫지 않겠느냐며 그냥 돌아가려고 했습니다. 그때 그의 종들이 만류하며 요단강에 몸을 씻도록 권면하였습니다. 이에 나아만 장군은 자기 생각을 깨뜨리고 엘리사의 지시에 따라 행하기로 마음을 돌이켰습니다. 사람의 생각과 이론을 앞세우면 하나님 말씀에 순종할 수 없습니다. 하나님 뜻에 불순종하려는 마음을 버리고 그분의 뜻에 온전히 순종해야만 치료받고 마음의 소원을 이룰 수 있습니다.

셋째로, 나아만은 선지자의 말대로 행했습니다.

나아만 장군은 하나님이 함께하시는 권능의 종 엘리사를 찾아왔습니다. 그리고 그의 지시에 따라 요단강으로 내려가서 강물에 몸을 씻었습니다. 요단강보다 크고 맑은 강이 많지만 엘리사가 요단강에 가서 몸을 씻으라고 한 데에는 영적 의미가 있습니다. 요단강은 영적으로 구원을 의미하며, 물은 죄를 씻어 구원에 이르게 하는 하나님 말씀(요 4:14)을 뜻하기 때문입니다.

요한복음 3장 5절에 "사람이 물과 성령으로 나지 아니하면 하나님 나리에 들어갈 수 없느니라" 했으니, 나아만은 요단강 물에 몸을 씻음으로써 죄를 용서받고 치료하는 여호와를 만남으로 구원의 길이 열린 것입니다.

그렇다면 왜 일곱 번 씻으라고 했을까요? 일곱은 완전수로서 온전함을 의미하니 일곱 번 몸을 씻음으로써 모든 죄를 용서받고 온전히 하나님 말씀 안에 사는 사람이 되라는 것입니다. 그래야만 능치 못할 일이 없으신 하나님이 어떤 불치병도 치료해 주십니다.

나아만 장군이 자기 생각을 깨뜨리고 하나님 뜻대로 순종했을 때 깨끗하게 되었습니다. 하나님은 이를 통해 나아만이 치료받은 것은 하나님의 능력에서 비롯되었으며 믿음으로 하나님을 기쁘시게 하면 무엇이든지 응답받을 수 있음을 알려 주셨습니다.

넷째로, 나아만은 하나님께 영광을 돌렸습니다.

마음의 소원을 응답받고 기쁨을 금치 못한 나아만 장군은 하나님의 사람 엘리사에게 도로 와서 이제부터는 하나님만을 섬기겠다고 고백합니다. 하나님만이 참 신이심을 인정하며 영광을 돌렸습니다. 질병의 치료는 물론 구원의 길까지 열린 것입니다.

"내가 이제 이스라엘 외에는 온 천하에 신이 없는 줄을 아나이다 청컨대 당신의 종에게서 예물을 받으소서 … 이제부터는 종이 번제든지 다른 제든지 다른 신에게는 드리지 아니하고 다만 여호와께 드리겠나이다"(왕하 5:15~17)

이와 비슷한 사건이 신약 성경에도 나옵니다. 예수님께서 한센병(문둥병)자 열 명을 치료하셨을 때 그중 한 사람만이 돌아와 하나님께 영광 돌리며 예수님께 사례했습니다. 이때 예수님은 "열 사람이 다 깨끗함을 받지 아니하였느냐 그 아홉은 어디 있느냐 이 이방인 외에는 하나님께 영광을 돌리러 돌아온 자가 없느냐"(눅 17:17~18) 말씀하십니다. 감사의 표시를 한 사람은 유대인들이 이방인 취급하며 멸시하는 사마리아인이었습니다. 예수님은 그에게 "일어나 가라 네 믿음이 너를 구원하였느니라"(눅 17:19) 하셨지요.

오늘날도 하나님의 은혜와 능력으로 질병이 치료되고 문제를 해결받은 후 하나님께 영광 돌리지 않는 경우가 많습니다. 하나님 은혜에 감사하여 열심히 말씀대로 살기 위해 기도하고 주변 사람에게 전도하는 분도 있지만 떠나간 아홉 명의 사람들처럼 많은 경우 은혜를 저버립니다. 치료받기 전에는 '치료받으면 생명 다하기까지 하나님 나라에 충성하겠다'고 다짐하지만 막상 치료되고 문제가 해결되면 마음이 변하는 것입니다.

그러나 질병의 치료보다 더욱 중요한 것이 우리 영혼의 구원입니다. 강건해야 70, 80세에 불과한 이 땅에서 건강을 회복한다 해도 결국 지옥 불에 떨어진다면 그 치료가 과연 무슨 소용이 있겠습니까? 우리가 하나님의 능력으로 치료됐다면 하나님께 영광 돌리고 예수 그리스도를 영접하여 구원에 이를 뿐 아니라 말씀대로 살아야 합니다.

나아만 장군은 어린 여종의 말을 믿는 선한 마음, 선지자를 찾아가는 믿음, 자기 생각과 맞지 않지만 순종하는 행함이 있었습니다. 그러기에 이방인이지만 하나님을 만나 치료받는 역사를 체험한 것입니다. 이같이 누구나 전능하신 하나님께 나와 합당한 믿음과 행함을 내보이면 어떤 문제라도 해결받을 수 있습니다. 이러한 믿음과 행함으로 모든 인생의 문제를 해결받아 하나님께 영광 돌리시기를 주님의 이름으로 기원합니다.

세상을 환히 비추는 빛

너희는 세상의 빛이라
산 위에 있는 동네가
숨기우지 못할 것이요
…
이같이 너희 빛을 사람 앞
에 비취게 하여 저희로
너희 착한 행실을 보고
하늘에 계신
너희 아버지께 영광을
돌리게 하라

(마 5:14~16)

홀만 헌트가 그린 '세상의 빛'이라는 명화가 있습니다. 이 그림에는 문 하나가 등장합니다. 그런데 독특한 점은 문에 손잡이가 달려 있지 않다는 것입니다. 누군가 안에서 열어주어야만 들어갈 수 있습니다. 이 문은 바로 우리의 마음을 상징합니다. 예수님께서는 우리의 마음 문을 두드리며 열어주기만을 기다리십니다. 우리가 그 소리를 듣고 마음을 열어 예수님을 구주로 영접하면 우리 마음을 빛으로 비추십니다.

예수님께서는 '나는 세상의 빛이니 나를 따르는 자는 어두움에 다니지 아니하고 생명의 빛을 얻으리라'(요 8:12) 말씀하셨습니다. 빛으로 오신 예수님은 죄로 물든 사람들의 마음을 환하게 비추어 주십니다. 여기서 빛이란 영적으로 의와 진리와 생명, 하나님 말씀 자체를 의미합니다. 그런데 예수님께서 단순히 '빛'이라 하지 않고 '나는 세상의 빛'이라 하신 이유는 무엇일까요? 바로 세상이 어둠 가운데 있으며, 예수님만이 세상의 어둠을 물리칠 수 있는 능력을 지니셨음을 알려 주기 위해서입니다.

빛을 비추면 어둠이 물러가고 모든 만물이 모습을 드러냅니다. 식물은 이 빛을 받아 자라며 꽃을 피우고 풍성한 결실을 맺습니다. 또한 어둠 가운데에서는 방향을 잡기 어렵고 때로 실족할 수 있지만 빛 가운데서는 실족지 않고 더러운 곳도 피해갈 수 있습니다. 마찬가지로 예수님 말씀을 좇아 살면 그분의 능력에 힘입어 빛 된 삶으로 나올 수 있습니다.

과연 어떻게 해야 하나님 안에서 세상을 비추는 빛이 될 수 있을까요? 빛 되신 주님을 만나 마음과 행함이 진리로 변화해야 합니다. 사회에 대한 불만으로 가득하던 사람이 하나님을 믿음으로 기뻐하고 감사하는 사람으로 변화되고, 불화하던 가정이 믿음 안에서 화목해졌다면 이를 보고 많은 사람이 하나님을 만날 수 있으니 빛이 되어 준 것입니다.

시력 교정 수술을 받다가 의사의 실수로 왼쪽 눈이 세균에 감염되어 실명의 위기에 처한 한 자매가 있었습니다. 큰 물체 외에는 거의 볼 수 없었고, 게다가 통증이 심하여 5분이 멀다 하고 안약을 넣을 정도여서 밤잠도 제대로 이루지 못했습니다. 그러다가 우리 교회에서 열린 특별 환자성회에 참석하여 기도받고 통증이 사라짐은 물론, 시력을 회복하였습니다. 감사한 것은 이 자매가 치료된 모습을 보고 직장 동료가 하나님의 살아 계심을 믿게 된 것입니다.

이와 같이 빛이신 하나님을 만나 세상의 빛이 되어 준다면 절망이 있는 곳에 소망이, 미움이 있는 곳에 사랑이 넘치게 하는 위대하고도 감동적인 일이 일어납니다.

저자 이재록 목사

불같은 성령의 역사로 만민을 깨우는 권능의 목회자.

1982년 13명의 성도로 시작된 만민중앙교회를 성령의 역사 속에 전 세계 1만 1천여 지·협력 교회와 함께 사역하는 초대형 교회로 성장시켰다. 예수님께서 복음을 전하신 후 따르는 표적으로 말씀을 입증한 것처럼 이재록 목사는 하나님께서 함께하시는 권능을 통하여 성경이 참된 진리임을 확증하고 있다.

우간다, 일본, 파키스탄, 케냐, 필리핀, 온두라스, 인도, 러시아, 독일, 페루, 콩고민주공화국, 미국, 에스토니아, 이스라엘 등에서 연합내성회 부흥사로 활발하게 사역해 왔으며 집회 시 폭발적인 권능의 역사가 나타나 CNN 등에 보도되었다. 영어권 기독 포털 사이트 '크리스천 텔레그래프'와 러시아어권 세계적 포털 사이트 '인빅토리' 공동으로 세계에서 가장 크게 영향을 끼친 10대 기독교 지도자로 2년 연속 이재록 목사를 선정한 바 있다.

GCN 방송을 통해 성결의 복음과 하나님의 권능을 전 세계에 전파하고 있으며 〈죽음 앞에서 영생을 맛보며〉를 비롯하여 〈십자가의 도〉, 〈천국 상·하〉, 〈지옥〉, 〈믿음의 분량〉, 〈하나님의 벗 아브라함〉 등 100권이 넘는 다양한 신앙 저서로 성도들의 영적 성장을 이끌고 있다.

한 영혼도 잃지 않기를 원하시는 하나님의 사랑의 섭리를 이루어 드리고자 말씀과 기도에 전무하고 있다.

이 같은 것을 금지할 법이 없느니라

새 예루살렘으로 인도하는 성령의 열매

하나님의 마음을 얼마나 닮았는지 점검하는 척도가 되며,
신앙 여정의 이정표와 같은 성령의 아홉 가지 열매에 대해
감동적으로 전한다.

젖과 꿀이 흐르는 땅 가나안 정복사

수천 년의 시간을 뛰어넘어 바라다본 이스라엘 역사를 통해
우리가 간과하기 쉬운 미세한 일들이
삶에 얼마나 큰 반향을 일으키는지
마음 깊이 깨닫게 하는 감동의 메시지!

깨어라! 이스라엘

마지막 때 숨겨진 하나님의 사랑과 비밀

간절히 메시아를 기다려 왔던 모든 유대인들에게
하나님의 사랑을 깨닫게 하며,
마지막 때를 살아가는 온 인류에게 전하는 경고의 메시지!

일곱교회 모든 교회를 깨우시는 주님의 메시지

교회의 참 보습을 찾으시는 주님의 간절한 외침,
일곱 별의 비밀은 무엇인가?
주님께서 진정 기뻐하시는 교회는 어떤 교회인가?

나의 삶 나의 신앙 1, 2

지금도 성경의 기적이 계속되고 있다.
왜 믿음으로 기도받는 이마다 치유되고 살아나는가?
멈추지 않는 성령의 역사, 그 비밀의 열쇠는 무엇인가?

이재록 목사 간증 수기
죽음 앞에서 영생을 맛보며
멈추지 않는다

이재록 목사 자서전
나의 삶 나의 신앙 ①, ②

대표 설교집
십자가의 도
믿음의 분량
천 국 (상·하)
지 옥
영혼육 (상·하)
사랑장/ 사랑은 율법의 완성
성령의 열매/ 이 같은 것을 금지할 법이
　　　　　　　　 없느니라

강해설교집
요한복음/ 주님의 자취 (상·하)
고린도전서 강해 (상·하)
요한일서/ 하나님의 씨
욥기/ 육의 사람 영의 사람 (상·하)

영성이 깨어나는 시(詩)
고백
눈물

가나안 정복사
젖과 꿀이 흐르는 땅

이산저입 교회 지침서
일곱 교회

마지막 때 이스라엘 예언서
깨어라 이스라엘

성결과 권능 시리즈
(2주연속 특별 부흥성회 설교집)
입문편
죄와 의와 심판에 대하여
내가 시행하리니
의인은 믿음으로 살리라
실천편
와 보라! 살아 계신 하나님의 증거를
믿음으로 모든 세계가 하나님의 말씀으로
지어진 줄을 우리가 아나니
권 능
근본의 소리를 발하라
핵심편
육과 영
하나님의 선하신 뜻
하나님은 빛이시라
하나님은 사랑이시라
네 영혼이 잘됨같이

성경 인물 시리즈
하나님의 벗 아브라함
나의 택한 야곱아 나의 벗
아브라함의 자손아
하나님 언약의 통로 요셉
엘리야를 너희에게 보내리니

주제설교 모음
믿음 편/ 바라는 것들의 실상이요
　　　　　보지 못하는 것들의 증거니
응답 편/ 내 이름으로 주시리라
예배 편/ 신령과 진정으로 예배할 것은
기도 편/ 시험에 들지 않게 깨어 기도하라
치료 편/ 치료하는 여호와
십계명 편/ 하나님의 법도
팔복 편/ 참된 복을 좇는 자
열재앙 편/ 거역된 삶과 순종의 삶

권능 역사서
기이한 일
희한한 능

칼럼 모음
등불
잠언/ 지혜의 샘
생명의 샘
만화로 보는 지혜의 샘 (상·하)

자기 주도 학습법
공부 잘하는 비결

자기계발서
지혜

헌신예배 설교 모음
사명과 헌신
맡은 자의 구할 것은 충성

방송설교집
영원한 것을 위하여
겉옷을 내어 버리라
깊은 데로 가서 그물을 내리라

설교자료, 구역공과 교재
엿새 동안의 만나 (상·하)
감추었던 만나 1

학습 세례 문답서

신앙인의 기본

독후감 수상집
내 삶의 등불

성지순례 화보집
갈릴리여 꽃보다 붉은 사랑이여

성도 신앙 간증집
살아 계신 하나님의 증거들
주 예수를 믿으라
나를 만나 주신 하나님
하나님은…!

핸디북
사랑장/ 사랑은 율법의 완성
성령의 열매/ 이 같은 것을 금지할 법이
　　　　　　　　 없느니라
팔복/ 참된 복을 좇는 자
십자가의 도/ 예수 그리스도만이
　　　　　　　　우리의 구세주가 되십니다
믿음의 분량/ 믿음에도 분량이 있습니다
천국 (상)

아동 공과교재 (주니어 Bible Study)
믿음에도 분량이 있어요
하나님의 법도 십계명
성령의 열매를 맺어요
사랑은 율법의 완성 ①, ②
참된 복을 좇는 어린이 ①, ②
십자가의 도 ①, ②
선
공부 잘하는 비결
하늘문이 열리는 파워 기도
출발! 아름다운 천국여행
7일간의 섭리
하나님의 벗 아브라함
하나님 언약의 통로 요셉

학생 공과교재 (청소년 Bible Study)
젖과 꿀이 흐르는 땅 ①, ②
선
믿음의 분량
지혜와 명철
공부 잘하는 비결
주님의 자취 ①, ②
사람이 다스려야 하는 몸의 행실
십자가의 도 ①, ②
만나Time
하나님의 벗 아브라함
하나님 언약의 통로 요셉

유아 유치 공과교재 (키즈 Bible Study)
공부야, 놀자!
나는 예수님 닮은 기도대장!
선

Tel 02-837-7632, 070-8240-2072, Fax 02-869-1537　　우림북　urimbooks.com

치료하는 여호와

초판 1쇄발행 1992. 5. 22.
      3쇄발행 1996. 3. 30.
2판 1쇄발행 2009. 7. 23.
      2쇄발행 2011. 3. 23.

지은이   이재록
발행인   빈성건
편집인   빈금선

발행처   우림북
전 화
  (편집부) TEL   02)851-3845, 070-8240-5611
          FAX   02)851-3854
  (영업부) TEL   02)837-7632, 070-8240-2072
          FAX   02)869-1537

등록번호   제1-904호

Copyright ⓒ 2011 우림북
판권 본사 소유 | 파본은 교환해 드립니다.

ISBN 978-89-7557-220-3
ISBN 978-89-7557-067-4(set)

www.ingramcontent.com/pod-product-compliance
Lightning Source LLC
La Vergne TN
LVHW020335200726
843507LV00012B/2375